Mirjam Müntefering

Hund ist in!

-Das Hundebuch für die neue Generation-

ILLUSTRATIONEN
ANDREAS NEUHAUS

KYNOS VERLAG

IMPRESSUM

© 2000 KYNOS VERLAG
Dr. Dieter Fleig GmbH
Am Remelsbach 30
D-54570 Mürlenbach/Eifel
Telefon: 06594/653
Telefax: 06594/452
Internet: http://www.kynos-verlag.de

Gesamtherstellung: Dr. Cantz'sche Druckerei, 73760 Ostfildern

ISBN 3-933228-27-1

INHALT

	Seite
Wir stellen uns vor	9
<u>Erster Teil: Wissen, ohne das es nicht geht!</u>	10
Wer glaubt noch an den Weihnachtsmann?	10
13 Fragen, die du mit Ja beantworten solltest!	11
Wie kam der Hund zum Menschen?	13
Der Hund – das ganz besondere Haustier	16
Es gibt den Hund, der zu dir passt!	17
Welpe oder erwachsener Hund?	19
Rüde oder Hündin?	22
Edelrasse oder Promenadenmix?	25
Das beste Tierheim weit und breit	26
Die beste Züchterin der Welt	26
Prägung und Sozialisation	29
Zwingerhaltung	31
DAS muss ins Haus, bevor der Hund kommt!	31
Richtiges Spielzeug	36
Falsches Spielzeug	38
Gefahr für deinen Hund!!!	39
Tierarzt	40
Ist deine Familie ein „Rudel“?	43
So denkt dein Hund!	46
So spricht dein Hund!	46
Iiiiih! Warum macht er das?	50
Gassi	52
Spaziergänge	53
Folgetrieb	54
Treppensteigen	56
Welpenschutz??	56
Das Hundelern-QUIZ – Erster Teil	57

INHALT

	Seite
Zweiter Teil: Jetzt kann´s losgehen: Die Erziehung!	58
Dein Hund lernt immer!	58
Ihr seid ein TEAM!	58
Viel loben, selten tadeln, niemals strafen!	59
Richtig loben!	60
Richtig tadeln!	62
Stubenreinheit	66
Alleinebleiben	69
Leine ohne Ziehen	71
Leine muss sein!	73
Hörzeichen und Sichtzeichen	73
Hier!	75
Nein!	76
Sitz!	77
OK!	77
Platz!	78
Steh!	79
Guck!	79
Fuß!	80
Lauf!	82
Bleib!	82
Aus!	83
Ab!	85
Leg dich...	85
Hörzeichen auflösen!	86
Ich sag´s nur einmal	86
Kunststückchen	87
Jeder Hund ist anders!	87
Hundeschulen machen Spaß!	89
Irgendwelche Probleme?	92
Sportlich, sportlich!	92
Das Hundelern-QUIZ – Zweiter Teil	96
Herzlichst, deine...	96
Quizauflösung	97
Nützliche Adressen	98
Zum Weiterlesen	98

WIR STELLEN UNS VOR

Das sind wir, das Autoren- und Zeichner-Team dieses Buches:

Mirjam Müntefering ist Schriftstellerin von Romanen und Kurzgeschichten für Erwachsene und Jugendliche. Außerdem arbeitet sie als Fernsehjournalistin für den Kinderkanal. Hunde besitzt und erzieht sie seit ihrem zwölften Lebensjahr. Gemeinsam mit ihrer Kollegin leitet sie die „HUNDherum fit!“-Hundekurse im Ruhrgebiet. HUNDherum fit! bietet sanfte Erziehung des Familienhundes auch in speziellen Kursen für Hundefans von 12 bis 18 Jahren. Infos gibt es im Internet unter „www.hundekurse.de“. Mirjam Münteferings Cockerspanielhündin Baccardi´s Katalin, genannt “Lotte“, stand dem Illustrator Andreas Neuhaus Modell für die Figur der eifrigen Jule.

Andreas Neuhaus ist diplomierter Grafik-Designer und freier Künstler. Er illustriert Bücher, Zeitschriften und Internetseiten mit seinen schönen Zeichnungen. Jule und Grobi sind die ersten Hunde, die er per Zeichenbrett zum Leben erweckt hat und sie sind ihm sehr ans Herz gewachsen.

In einer kleinen Schreibgast-Rolle hat auch Claudia Rath zu diesem Buch beigetragen und dem Labrador-Mix Grobi das Sprechen beigebracht. Sie ist Romanautorin und Sozialarbeiterin und lebt seit vielen Jahren mit Hunden und Katzen zusammen.

Hund ist in!

Erster Teil

Erster Teil:
Wissen, ohne das es nicht geht!

Wer glaubt noch an den Weihnachtsmann? Und an Lassie??????

Wie viele junge Menschen mögen Hunde? Massig! Und wie viele haben richtig Ahnung von ihren vierbeinigen Freunden? Sehr viel weniger... Das ist der Grund, warum wir uns entschlossen haben, ein Hundebuch zu schreiben. Und zwar eines, das zunächst informiert und verdeutlicht, wie unsere Hunde überhaupt denken und fühlen. Denn nur wer das weiß, kann einen Hund sanft und mit viel Freude erziehen. Unser Buch ist nichts für Herumschreier, die ihrem Hund den Lernstoff schon „eintrichtern" wollen! Unser Buch „Hund ist in!" ist vielmehr ein Buch für diejenigen unter den jungen Hundefreunden, die ihren Hund durch viel Lob und positive Bestärkung erziehen, diejenigen, die also eine ganz „neue Generation" von Hundehaltern bedeuten.
Doch wie sollte dieses Buch aussehen? Wissenswertes über Hunde kann manchmal eine ganz schön trockene Angelegenheit sein. Da geht es um Verhaltensforschung, um Tierpsychologie, um Vererbungslehre und um Selbstdisziplin. Gar nicht so einfach, das Ganze so zu schreiben, dass man es auch noch GERNE liest! Wir beschlossen also: Hilfe muss her! Hilfe in Form von zwei Vierbeinern, die unserem Buch Pepp geben und dich auf deinem Weg zur/zum HundekennerIn begleiten. Dank Andreas, unserem Zeichner, erwachten sie schon bald zum Leben:

Jule und Grobi

Wissen, ohne das es nicht geht!

Es hat uns viel Spaß gemacht, Jule, die gelehrige und sensible Cockerspanielhündin und ihren Kumpel, den Labrador-Mischling Grobi aus dem Tierheim, zu erfinden!
Hier steht absichtlich das Wort ERFINDEN. Schließlich soll es nicht zu Missverständnissen kommen! Auch „Lassie“ oder „Beethoven“ oder „Kommissar Rex“, die wir alle aus dem Kino und Fernsehen kennen, sind schließlich erfundene Fantasiefiguren.

Denkende, sprechende und so menschlich handelnde Hunde gibt es nun einmal nicht!

Was es aber leider immer noch gibt, sind die Leute, die an sie glauben. Diese Leute halten Filme wie „Schweinchen Babe“ für bare Münze und nicht einfach für ein hübsches Märchen, an dem wir uns erfreuen können. Sie erwarten von ihrem Hund, dass er logisch denkt, dass er ein schlechtes Gewissen kennt oder aus reiner Freundschaft sogar eine Bockwurst zu teilen bereit ist.
Wir können darüber natürlich nur lachen. Denn diese Leute könnten genauso gut auch noch an den Weihnachtsmann glauben. Ein Hund kann niemals lernen, wie ein Mensch zu denken und zu handeln! Er kann nur durch verschiedene Dressuren und Kunststückchen im Film diesen Eindruck erwecken.
Wenn aber ein Hund nicht lernen kann, wie ein Mensch zu denken, dann müssen wir Menschen eben lernen, wie ein Hund zu denken.
Nur so können wir uns verständigen. Zu diesem Verständnis soll dieses Buch beitragen. Jule und Grobi sind unsere Vermittler zwischen Mensch und Tier.

Und jetzt wünschen wir euch viel Spaß mit den beiden! Lasst euch von ihnen durch unser Hundebuch

Hund ist in!

führen!

13 Fragen, die du mit JA beantworten solltest!

Wir wollen gleich knallhart mit einer Reihe von Fragen anfangen! Denn ein Hund braucht - als hochsoziales Lebewesen - gewisse Lebensumstände. Natürlich sind diese Umstände auch von der Rasse des Hundes abhängig und von seiner Größe. Doch es gibt Voraussetzungen, die für jeden Hund zutreffen. Deswegen geht es los mit einem Fragebogen. Und es ist kein übler Gedanke, ihn auch deinen Eltern oder Geschwistern zu zeigen. Denn auch sie sollten wissen, was für die Haltung eines Hundes unbedingt notwendig ist.

1. Sind alle in der Familie mit einem Hund einverstanden?
(Denn nur so beugst du Konflikten vor und das ist die einzige Möglichkeit, um dem Hund ein nettes Zuhause zu bieten.)
2. Sind die Vermieter mit Hundehaltung einverstanden?

(Denn es kann ein böses Erwachen geben, wenn der Vermieter von der unerlaubten Haustierhaltung erfährt und darauf besteht, dass der Hund wieder fortgeschafft wird.)
3. Ist für die anfallenden Kosten gesorgt?
(Denn ein mageres Taschengeld oder spärliches Lehrgeld wird für Tierarzt, Impfungen, Haftpflichtversicherung, Hundesteuer, Hundefutter mit Sicherheit nicht ausreichen!)

Hund ist in!

4. Kann der Hund mit in den Urlaub oder gibt es jemanden, der dann einspringt?

(Denn nichts ist schlimmer für einen Familienhund als für einige Wochen von seinen Leuten getrennt zu sein oder gar zur Ferienzeit ausgesetzt zu werden!)

5. Ist der Hund auch während deiner täglichen Schulzeit oder Lehre in Gesellschaft?
(Denn Hunde sind soziale Wesen, die nicht gern allein sind. Einen Hund täglich sechs oder mehr Stunden allein zu lassen ist Quälerei.)

6. Bist du sicher, dass niemand in eurer Familie an Hundehaarallergie leidet?

(Denn wenn eine Allergie zu Asthma oder heftigem Ausschlag führt, bleibt meist nur die Abschaffung des Tieres: für den Hund und die Familie ein schwerer Schicksalsschlag!)

7. Ist geklärt, wer sich um den Hund kümmert, wenn du mal ein paar Tage fort bist?
(Denn es ist nicht selbstverständlich, dass deine Eltern oder deine Geschwister den Hund betreuen, wenn du nicht da bist!)

8. Wünschst du dir schon seit längerem einen Hund, das heißt seit mehr als einem Jahr?
(Denn kurzfristig gefasste Ideen zur Tieranschaffung sollten erst einmal eine ganze Weile auf die Probe gestellt werden. Es geht um ein Lebewesen mit einer Seele!)

9. Hast du neben der Schule, Lehre, Freunden und Hobbys die Zeit, um mindestens dreimal täglich den Hund jeweils eine Viertelstunde Gassi zu führen, täglich einen längeren Spaziergang von etwa einer Stunde mit ihm zu unternehmen und mit ihm täglich seine Lektionen zu üben oder zu spielen?
(Denn dieser Zeitaufwand ist notwendig, um die hundlichen Grundbedürfnisse zu erfüllen und um einen guten Kontakt zu deinem Hund aufzubauen!)

10. Bist du bereit, morgens eine halbe Stunde eher aufzustehen, um Gassi zu gehen? - Auch an den Wochenenden?
(Denn ein Hund gewöhnt sich meist an einen gewissen Rhythmus. Wenn du von Montag bis Freitag immer um Sieben mit ihm eine Runde gehst, dann verlangt er das womöglich auch am Samstag und Sonntag. Er braucht kein Verständnis dafür zu haben, dass unsereins ausschlafen möchte.)

11. Bist du bereit, auch bei Regen, Schnee und Kälte spazieren zu gehen?
(Denn ein Hund kümmert sich nicht um schlechtes Wetter und würde sich furchtbar langweilen, wenn bei Regen nur ein rascher Gang um den Block drin ist.)
12. Kennst du mindestens einen Hund persönlich?
(Nur wenn du weißt, dass ein Hund niemals so sein wird wie in Film und Fernsehen, kannst du sicher sein, nicht enttäuscht zu werden. Denn Enttäuschung darüber, dass dein Hund nur ein „normaler Hund" ist, ist das Furchtbarste, was deinem Hund und dir passieren kann!)

Du konntest alle Fragen mit „Ja" beantworten? Dann nichts wie weiter im Text!
Solltest du aber eine oder einige wenige Fragen mit „Nein" beantworten müssen, musst du unbedingt die vorhandenen Zweifel ausräumen. Ist das jedoch nicht möglich, dann gilt für dich das Gleiche wie für diejenigen, die die meisten Fragen leider verneinen mussten: ein Hund - auch wenn du ihn dir noch so sehr wünschst - ist nicht das richtige Haustier für dich. Wenn du zu wenig Zeit für einen Hund hast, dann könntest du vielleicht zwei Meerschweinchen wählen - die fühlen sich zu zweit auch dann wohl, wenn ihr Mensch mal nicht so viel mit ihnen unternimmt. Wenn dein Bruder eine Hundehaarallergie hat, dann wirst du vielleicht auch mit einem sprechenden Vogel glücklich? Und wenn der Vermieter einfach nicht mitspielt, dann gibt es immer noch die Möglichkeit, in der Nachbarschaft einen „Pflegehund" zu suchen. Viele Tierheime freuen sich auch darüber, wenn sich verantwortungsbewusste Hundefans für regelmäßige Spaziergänge und Spielstunden zur Verfügung stellen.
Wie du siehst, geht es also gleich auf den ersten Seiten dieses Buches richtig zur Sache. Im Umgang mit Tieren ist immer zuerst Ehrlichkeit mit uns selbst gefragt. Und nur wer das zu leisten bereit ist, wird ein gutes „Frauchen" oder „Herrchen" sein!

Wie kam der Hund zum Menschen?

Hast du dir schon mal Gedanken darüber gemacht, wie es eigentlich dazu kommen konnte, dass ein wildes Tier sich mit dem Menschen anfreundet - so wie es der Hund getan hat?
Schon seit Jahrtausenden begleiten Hunde den Menschen. Doch wie kam es dazu?

Hund ist in!

Die Wissenschaftler sind sich heute einig, dass der Stammvater unserer Hunde der Wolf ist. Doch Wölfe sind wilde Tiere, die sich im Erwachsenenalter auch nicht mehr zähmen lassen. (Wieso das so ist, kannst du im Kapitel „Prägung und Sozialisation" nachlesen!) Wie kam es also zu dieser engen Bekanntschaft?
Ein Stück weit haben die Vorfahren unserer Bennies, Jimmys und Purzels selbst dazu beigetragen, dass die Menschen sie irgendwann als Haustiere halten konnten. Die Wölfe umschlichen die menschlichen Lager, angelockt von den Gerüchen, fraßen sie gern den „Abfall": Knochen und unverwertbares Fleisch.
Die Mutigsten unter ihnen, die die wenigste Scheu vor den Menschen zeigten, zogen sogar ihre Jungen direkt neben den Lagern der Menschen auf. Dorthin wagten sich kaum andere Raubtiere, die den Wolfswelpen gefährlich werden konnten. Außerdem war durch den Futterabfall der Menschen auch in strengen Wintern für ausreichend Nahrung gesorgt.
Und so kam es, dass die Wolfsfamilien, die sich enger an die Menschen anschlossen, eher überlebten als jene, die das nicht wagten.

Wissen, ohne das es nicht geht!

Generation für Generation verloren die Wölfe immer mehr von ihrer natürlichen Menschenscheu. Und schließlich wagten sich ihre Jungtiere sogar in die Lager, um dort mit den Menschenkindern zu spielen oder einen ganz besonderen Leckerbissen abzustauben. Damit war der Grundstein für eine enge Freundschaft gelegt.
Der sich so regelrecht „selbst zähmende“ Wolf zeigte den Menschen an, wo sich Beutetiere aufhielten und warnte sie, wenn sich andere Raubtiere dem Lager näherten. Als Dankeschön erhielt er einen Anteil von der Beute und den Schutz für seine Nachkommen.

Nach und nach - über die Jahrhunderte und Jahrtausende, in denen der „zahme Wolf“ sich langsam zum Hund veränderte - fanden sich immer mehr Arbeitsfelder für den bepelzten Begleiter. Die Menschen setzten Hunde ein, um Lasten zu tragen, um Schlitten zu ziehen, um Wild aufzuspüren oder zu hetzen, um das Vieh der Menschen zu treiben oder zu schützen.

Für jede dieser Aufgaben war eine andere Spezialisierung notwendig. Und so begannen die Menschen zu züchten. Wollten sie einen ordentlichen Hütehund, so paarten sie Hunde miteinander, die darin Talent zeigten. Für Schutzhunde mussten große und eindrucksvolle Exemplare her, für Hetzhunde schlanke, hochbeinige mit großem Brustkorb. Und so kam es zu einer künstlichen Selektion. Der Mensch sorgte dafür, dass sich über viele hundert Jahre hinweg alle unsere heutigen Hunderassen entwickelten. Vom winzigen Chi-hua-hua bis hin zum größten Hund der Welt, dem Irish Wolfhound, der zu den Windhunden gehört. Doch all diese Spezialisten ließen nie vergessen, dass sie alle einen gemeinsamen Vorfahren haben: den Wolf. Denn in ihrem Verhalten zu Artgenossen und dem Menschen ähneln sich alle Hunderassen sehr.

Irgendwann, sehr nah an unserer Zeit, bekam die sorgfältige Hundezucht hässliche Geschwüre. Menschen, die gern Wetten abschlossen, begannen, besonders scharfe Hunde zu züchten. Bei den Hundekämpfen ging es um Leben und Tod der Vierbeiner. Für den Menschen ging es nur um Geld. Immer mehr Züchter wollten Hunde mit extrem kurzem Rachen oder massig Hautfalten, weil das als „schick“ galt. Ohren wurden kupiert und Schwänze abgeschnitten. Das war keine gute Zeit für die Hunde.
Und etwa zu dieser Zeit geriet etwas aus dem Gleichgewicht - zwischen Mensch und Hund...

Diese enge Partnerschaft, die unsere Hunde heute mit uns eingehen, beruht auf einer Art Vertrag, den Mensch und Wildhund vor langer Zeit miteinander geschlossen haben. Die Hunde versprachen darin, stets ihre Aufgabe beim Menschen zu erfüllen. Je nach Rasse wollten sie jagen, beschützen, hüten, Lasten ziehen und tragen oder einfach Seelentröster sein. Und genauso erfüllen die Hunde über Jahrhunderte ihren Teil des Vertrages - treu, ergeben, freudig.
Der Mensch allerdings, der ja immer von sich meint, das Schlaueste aller Säugetiere zu sein, hielt sich nicht an die Regeln. Er entfremdete den Hund seinem wahren Wesen, versuchte die natürlichen Instinkte zu verstümmeln, vermenschlichte das hundliche Verhalten und ließ ihn zu einem Mitläufer und Statusobjekt verkommen.
Traurig, aber wahr: der Mensch hat den Vertrag mit seinem Mitgeschöpf Hund gebrochen! Sieh dir die Tierheime an, in denen tausende von abgeschobenen Hunden nur noch auf eine neue Familie hoffen dürfen. Tagein, tagaus im Zwinger oder an einer Kette gehalten hat auch so mancher „Wachhund" keinen Grund zum Glücklichsein. Genauso wie der ein oder andere Schoßhund schlichtweg tot gefüttert wird. An die Tierversuche, die auch an

Der Hund - das ganz besondere Haustier

Grobi: Jaha… Auch in mir schlummert das wilde Erbe meiner Vorfahren. Jagen gehen, Aufgaben erfüllen, das harte aber gerechte Leben, von dem jeder Hund träumt…
Jule: Du spinnst ja Grobi! Als ob ausgerechnet **du** davon träumen würdest. Ein Abend ohne Sofa ist für dich doch gar kein Abend…
Grobi: Du hast ja überhaupt keine Ahnung! Unterschätze niemals einen Labradormix. Wir sind wahre Multitalente…..
Jule: Jaja, im Schlafen, Fressen, Spielen und Schuhe kauen! Aber was ist mit den ernsten Dingen des Lebens?!
Grobi: Schuhe zerkauen ist absolut ernst! Zuerst die Schnürbänder, dann das zarte Oberleder, und ganz zum Schluss...
Jule: Grobi? - gleich kommt ein Doku-Film über Hütehunde in Australien!
Grobi: Echt?

Hunden durchgeführt werden, wollen wir eigentlich nicht denken - und müssen es doch immer wieder.
Nur verhältnismäßig wenige Tiere führen ein Leben, wie es der uralte Vertrag zwischen Mensch und Hund einmal vorschrieb: als eine Persönlichkeit, die als das geliebt und anerkannt wird, was sie nun mal ist: ein Hund!
Wir haben uns aber vorgenommen, es anders zu machen! Und dir möchten wir sagen: Es ist überhaupt nicht schwer, den Mensch-Hund-Vertrag einzuhalten. Es macht sogar viel Spaß!

Es gibt den Hund, der zu dir passt!

Jetzt halten wir es genauso wie die verhassten älteren Tantchen, die wir alle aus Kindertagen kennen. Wir sagen „Lass dich mal anschauen!“ und fragen: Wie groß bist du eigentlich? Und wie stark? Bist du sportlich oder eher gemütlich? Kannst du dich gut durchsetzen oder bist du eher ein schüchterner Typ?
Ganz recht! Du hast es erkannt: Schon wieder Fragen an ***dich***! Jetzt geht es nämlich darum, dass der ***richtige*** Hund für dich gefunden werden muss. Das klingt so, als handele es sich um ein Kleidungsstück? Tja, so ähnlich ist es auch. Dein Hund muss nämlich zu dir und du zu ihm haargenau passen.
Wenn du das Kapitel „Wie kam der Hund zum Menschen“ aufmerksam gelesen hast, weißt du ja, dass es die unterschiedlichsten Gruppierungen von Hunde-Typen gibt. Einen pauschalen Tipp zu der „idealen Rasse“ kann es nicht geben! Aber es ist sehr lohnenswert, sich anzuschauen, zu welchem Hunde-Typ deine Traumrasse zählt und welche Voraussetzungen dieser Typ mitbringt.

Windhunde sind schlanke, hochbeinige Tiere, die in ihrer ursprünglichen Heimat Südwestasien zur Jagd durch Sichtkontakt und Schnelligkeit gezüchtet wurden. Es sind in der Regel freundliche, wenn auch etwas reservierte Hunde, die weder durch ausgeprägtes Bellverhalten noch durch Territorialtrieb (Verteidigung ihres Reviers gegen Fremde) auffallen. Ihr Hetztrieb ist allerdings enorm und ihr Bedürfnis nach sehr viel Bewegung sollte nicht unterschätzt werden.

So wie Windhunde mit den Augen das Wild verfolgen, benutzen ***Laufhunde*** ihre Nase. Außerdem bellen und heulen sie bei dieser ausdauernden Hetzjagd laut, um sich gegenseitig anzustacheln und damit die folgenden Jäger ihre Spur nicht verlieren. Laufhunde jagen in einer Meute von vielen Tieren. Daher haben sie nur selten Probleme mit anderen Artgenossen, sind allgemein verträglich und daher zum Beispiel auch gut zu zweit zu halten. Einigen Rassen wird Sturheit, insbesondere beim Befolgen des Rückruf-Hörzeichens („Hier!“), im Wald nachgesagt.

Damit haben viele Rassen der ***Spitzartigen Hunde*** weniger Probleme. Sie sollten schon ursprünglich keine Jagdpassion zeigen, sondern das Haus bewachen. Das bedeutet: Ihre Aufgabe war das Anzeigen von Fremden durch Bellen. Dementsprechend oft werden sie auch laut. Das sollte als drohendes Ärgernis in einer Mietwohnung oder einem Reihenhaus nicht unterschätzt werden.
Oft wird zu dem spitzartigen auch der ***Nordische Hunde***-Typ dazugezählt. Diese Rassen werden immer beliebter, da ihre Fans von der unverfälschten Natur dieser Hunde begeistert sind. Hinzu kommt die hohe Ausdrucksmöglichkeit der Mimik, die jedoch gar nicht einfach zu entschlüsseln ist. Nordische Hunde sind als Arbeitstiere gezüchtet worden, haben meist mit ihren Herren gejagt oder deren Schlitten gezogen. Ihr Laufbedürfnis beansprucht viel Zeit und intensive Beschäftigung. Für die Haltung in einer Stadtwohnung sind nur die wenigsten Rassen dieses Typus geeignet.

Terrier fühlen sich dagegen überall wohl. Die Vertreter dieses Hundetypus sind trotz ihrer oft geringen Körpergröße (Terrier = Erdhunde) unerschrockene Kämpfer. Bei der Jagd war ihre Aufgabe nicht das Töten oder Apportieren, sondern den wehrhaften Dachs oder Fuchs aus seinem Bau zu treiben. Da sie bei dieser Arbeit vollkommen auf sich gestellt waren, sind sie sehr eigenständig. Ihr Selbstbewusstsein im Umgang mit Artgenossen ist geradezu erstaunlich. Aber auch an ihren Menschen stellen diese Hunde einen hohen Anspruch: So eigenwillig und zielstrebig wie der Hund sollte auch der Halter sein. Ohne konsequente Führung tanzt ein Terrier seinem Besitzer leicht auf dem Kopf herum, was bei den größeren Rassen dieses Typus leicht zu großem Ärger führen kann.

Der Jagdeifer steckt natürlich in vielen unserer Vierbeiner - schließlich lebt auch heute noch unverkennbar der Wolf in ihnen. Die ***Jagdhund***rassen sind heute echte Spezialisten und zeigen nicht mehr das komplette Jagdverhalten ihrer Vorfahren. Manche Jagdhundrassen werden zum Aufstöbern, manche zum Hetzen, andere zum Apportieren der Beute ausgebildet. Sie alle zeichnen sich durch besondere Lernfreude und Gehorsam aus. Ihre ursprüngliche Aufgabe war das Anzeigen des Wildes und das Apportieren. Es gibt unter den Jagdhundrassen mittlerweile nur noch recht wenige, die von ihren Züchtern ausschließlich zur Jagd selektiert werden. Die anderen geben, mit der entsprechenden Ausbildung, sehr angenehme Begleithunde ab. Jagdhundrassen, die dagegen auch heute noch auf Hochleistung gezüchtet werden, würden mit ihrem stark verankerten Jagdtrieb einem Nicht-Jäger viel Kummer bereiten. Bevor der Hund auf der Bundesstraße oder vor der Büchse des Jägers endet, sollte man auf einen solchen Rassevertreter lieber verzichten.

Die ***Hütehunde*** sind ebenso zu betrachten. Überraschenderweise ähneln sie von allen Hunden in ihrem Verhalten bei der Arbeit noch am meisten dem Wolf, der aus einer Herde Hirsche ein einzelnes Beutetier heraussprengt. Viele Hütehunde sind zu beliebten Familien-, Schutz- oder Sporthunden geworden. Diese anspruchsvollen Hunde besitzen von Natur aus den Willen zur Arbeit und werden zu Kläffern oder anstrengenden „Alles-Hütern“, wenn sie keine Aufgabe bekommen. Da sie in ihrem normalen Umfeld mit dem Schäfer über Pfeif- und Sichtzeichen in Kontakt stehen, besitzen sie ein ausgezeichnetes Gehör und lernen rasch, auf den kleinsten Wink ihres Frauchens oder Herrchens zu reagieren. Eine gute Ausbildung, möglichst hundesportliche Betätigung, vor allem aber viel geistige Beschäftigung machen sie zu idealen Begleitern.

Die ***Herdenschutzhunde*** werden leicht zu der Kategorie der Hütehunde gezählt, was jedoch ein grober Fehler ist. Diese großen, weichfelligen Rassen werden heute noch zum Schutz der Nutzviehherden zum Beispiel in Polen, Spanien, Italien eingesetzt. Sie leben unter „ihren“ Schafen und verteidigen sie gegen Wölfe, Bären, streunende Hunde und alle fremden Menschen. Dabei arbeiten sie völlig selbstständig und bedürfen keines Befehls des Schäfers. Das hat zur Folge, dass sie eine ganz eigene Vorstellung von „Gehorsam“ besitzen. Ein Herdenschutzhund, der nur als Familienhund im Garten gehalten wird, sucht sich seine Aufgabe des Bewachens selbst. Das kann für Besucher höchst gefährlich enden, besonders wenn Kinder zur Familie des Hundes gehören. Leider hat das teddybärenhafte Äußere dieser Rassen einen Boom ausgelöst, der mit Besorgnis zu betrachten ist. Herdenschutzhunde sind grundsätzlich nur für sehr erfahrene Halter und auf keinen Fall als Ersthund geeignet.

Als Letztes möchten wir die ***Begleithunde*** vorstellen. Diese meist recht kleinwüchsigen

Wissen, ohne das es nicht geht!

Hunde hatten ursprünglich zwar auch Aufgaben, werden jedoch seit vielen Generationen ausschließlich als angenehme Begleiter des Menschen gezüchtet. Das hatte zur Folge, dass viele von ihnen keinen Preis in Gehorsamswettbewerben gewinnen würden. Schließlich müssen sie nicht dringend die Unterordnung lernen, um eine bestimmte Arbeit verrichten zu können. Zudem sind unter den Begleithunden verstärkt Rassen zu finden, die auf Grund des „niedlichen Kindchen-Schemas" einen kurzen Rachen und Glubschaugen angezüchtet bekamen. Rassen, bei denen diese „Schönheitsmerkmale" zu gesundheitlichen Einschränkungen führen, sind niemandem zu empfehlen.

Um keine Rassen in den Vordergrund zu stellen bzw. andere auszulassen, haben wir bei der Vorstellung der Hunde-Typen absichtlich keine Rassen genannt. Im Buchanhang („Zum Weiterlesen") findest du den Hinweis auf Bücher, in denen auf die Unterschiede der Hunde-Typen noch stärker eingegangen wird. In diesen Büchern sind auch alle Rassen genannt.
Seit dem Jahr 2000 ist in verschiedenen Bundesländern das Halten von bestimmten Rassen für Menschen unter 18 Jahren nicht erlaubt. Aber es bleiben eine Menge wunderbarer Rassen übrig, unter denen man sich kaum entscheiden kann.

Vergiss bei der Diskussion um Schlapp- oder Stehohren, Kurz- oder Langhaar und Fellfarbe nur eines nicht: Der Charakter deines Hundes ist wichtiger als sein Aussehen! Klar solltest du dir ein hübsches Kerlchen aussuchen. Doch Schönheit ist Gott sei Dank immer subjektiv. Und ein wunderbares Fell verliert schnell seinen Reiz, wenn der Hund ansonsten wenig zu dir passt.
Es gibt große charakterliche Unterschiede bei den Hunderassen.

Wir nennen sie „das Wesen".

Am besten, du wählst dir etwa drei Wunsch-Rassen aus und informierst dich dann gründlich über ihr Wesen. Das kannst du durch entsprechende Bücher, die dir jeder Buchhändler oder Bibliothekar heraussucht. Oder aber du kontaktierst (zum Beispiel über den „Verband für das Deutsche Hundewesen", Adresse hinten im Buch) ZüchterInnen in deiner Nähe. Die erzählen dir gern alles über ihre Rasse und ermöglichen dir und deiner Familie auch einen Kennenlern-Besuch bei ihren erwachsenen Hunden. (Falls nicht, ist es nicht der richtige Züchter!). Genauso wichtig ist es, mit Leuten zu sprechen, die selbst einen Hund deiner Traumrasse besitzen.
Qualzuchten solltest du von vornherein ausschließen. Hunde, die auf Grund zu kurzen Fangs und Nase kaum Luft bekommen, deren Haut sich wegen starker Falten ständig entzündet, verursachen hohe Tierarztkosten und sind einfach zu bemitleiden. Solche Zuchten sollte niemand unterstützen.

Welpe oder erwachsener Hund?

Das ist eine schwierige Frage. Lass uns mal die Vor- und Nachteile anschauen!
Welpen
sind so wahnsinnig niedlich! Es gibt einfach keine Hunderasse, deren Babies nicht zum Zerdrücken süß aussehen. Wenn du dich für einen Welpen vom Züchter entscheidest, hat das den Vorteil, dass du dich vorher ausführlich über diese Rasse informieren kannst. Somit weißt du, was in Form dieser haarigen Gestalt auf dich zukommt. Der entscheidendste Pluspunkt für einen Welpen - egal ob Rassehund oder Mischling aus einer netten Familie oder dem Tierheim - ist aber die leichte Erziehung. Es ist nämlich viel einfacher, einen Hund gleich von Beginn an richtig zu erziehen - statt die Fehler von anderen

Vorbesitzern ausbügeln zu müssen.
Der einzige Nachteil, den ein Welpe hat, ist: Er macht wahnsinnig viel Arbeit! Puh... Ständig muss er beaufsichtigt werden, weil er noch nicht weiß, dass er weder auf den Teppich pieseln, noch das Sofa ankauen, noch die Katze jagen darf.
Wie du dir am besten einen Welpen aussuchst, sieht du im TIPP auf Seite 31.

Ein erwachsener Hund macht es einem da meist leichter. Er ist (hoffentlich! unbedingt danach fragen!) stubenrein, kennt vielleicht schon einige Hörzeichen und kann vielleicht sogar schon mal eine halbe Stunde allein zu Hause bleiben ohne etwas zu zerstören.
Die Tierheime sind voll von wundervollen Hunden, die nur darauf warten, bei dir ein neues Zuhause zu finden. Nach seinen schlimmen Erlebnissen schließt sich dein Tierheimhund wahrscheinlich eng an dich an und ist dir ein wunderbarer Begleiter. Für Erziehungsfehler, die der Vorbesitzer gemacht hat, kann der Hund nichts. Um sie auszubügeln, brauchst du jedoch etwas Zeit und Geduld.

Es ist immer ratsam, möglichst viel über das bisherige Leben deines Hundes herauszufinden. Im Tierheim kannst du erfahren, wie der Hund dorthin kam. Hatten seine Leute keine Zeit mehr für ihn? Oder gab es Probleme? Welche? Wurde er zur Urlaubszeit ausgesetzt? Oder wurde er gar jemandem weggenommen, der sich nicht um den Hund gekümmert hat?
Warnen die Leute im Tierheim vor Unarten des Hundes (Aggressivität, Streunen, Jagen), dann überleg dir gut, wie du dies in den Griff bekommen könntest. Notfalls hilft eine gute Hundeschule!

Jule: Hast du das gehört, Grobi? Hier wird doch tatsächlich darüber diskutiert, ob es besser ist, einen Welpen oder einen erwachsenen Hund zu sich nach Hause zu holen! Als ob es da einen Zweifel gäbe!

Wissen, ohne das es nicht geht!

Natürlich ist ein Welpe viel hübscher! Ich war genau 10 Wochen alt als Simone mich abgeholt hat. Und ich kann dir sagen, ich war irrsinnig schnuckelig. Alle wollten mich ständig streicheln und mit mir schmusen. Jetzt schau Simone und mich an, was wir für ein tolles Team geworden sind!

Grobi: Als mich meine Leute aus dem Tierheim geholt haben, war ich wenigstens schon stubenrein, naja, einigermaßen. Klar war ich ziemlich aufgeregt, da geht schon manchmal noch was daneben, also auf den Küchenfußboden. Aber das fanden die gar nicht so schlimm, in unserem Rudel. Sie haben gesagt, dass ich mich erst mal in Ruhe eingewöhnen sollte. Und ich konnte auch schon SITZ. Glaub mir, ich war so froh, als ich endlich aus dem Tierheim rauskam. Ich hab' schon gedacht, ich finde kein Zuhause mehr. Was kann ich denn dazu, dass diese blöden Menschen meine trächtige Mutter nicht mehr haben wollten? Ich sag' dir… viele Leute sollten es sich wirklich sehr gut überlegen, ob sie uns wirklich haben wollen, ein ganzes Hundeleben lang. Das sind immerhin schon manchmal 15 oder mehr Jahre.

Jule: Die Leute von deiner Mutter haben sie ins Tierheim gegeben, obwohl sie Babies erwartet hat? Und du bist dann im Tierheim geboren worden? Also, jetzt bin ich aber echt von den Socken!

Grobi: Ja, manchmal sind die Menschen ziemlich seltsam. Aber ich bin froh, dass sie Mutter in ein Tierheim gebracht und nicht einfach irgendwo ausgesetzt haben.

Jule: A U S S E T Z E N !?!? Du meinst, so ganz allein? Irgendwo auf einem Parkplatz? Oder mitten im Wald? Oh, naain! Und wie ging es dann weiter mit dir im Tierheim?

Grobi: Naja, die Leute, die da arbeiten, haben sich viel Mühe mit uns gegeben. Aber es ist eben doch kein Ersatz für ein richtiges Zuhause. Dann hieß es abwarten. Sechseinhalb Monate lang.

Jule: SOO lange?

Grobi: Manche von uns müssen noch viel länger warten. Vor allem die älteren. Als meine Leute mich abgeholt haben, war ich erstmal ganz schön verunsichert. Neue Gerüche, neue Umgebung, neue Geräusche... wenn ich ehrlich sein soll, ich hatte Angst. Deshalb auch die Sache mit der mangelnden „Stubenreinheit“. Ich hatte vor lauter Aufregung meine Blase nicht unter Kontrolle. Sowas kommt vor.

Jule: Verstehe ich vollkommen!

Grobi: Ja, und dann gab es da auch noch andere Unannehmlichkeiten. ZUM BEISPIEL die Sache mit den Verboten. Hey!- Woher soll ich denn wissen, dass diese Lappen, die Menschen sich um die Füße wickeln, nicht angekaut werden dürfen? Ich kann schließlich nicht hellsehen. Das waren eine ganze Menge neuer Verbote. Sowas kann sich doch kein Hund innerhalb weniger Tage merken: Räum den Mülleimer nicht aus! Zerfetz nicht die guten Sofakissen! Kau den Couchtisch nicht an! Lass die Pfoten von meinem Teller! Trink nicht aus der Kloschüssel! Tu dies nicht, tu das nicht! Es muss schrecklich langweilig sein, als Mensch zu leben.

Jule: Ja, und weil´s so langweilig ist, kommen die auf so komische Fragen: `Soll es ein Hundemädchen oder ein Hundejunge sein?´. Was für eine Überlegung! Die Antwort liegt doch auf der Pfote: Wer will denn schon so einen männlichen Rüpel, der immer rumkeift und einen auf Macker macht?!

Grobi: Wieso Macker?

Jule: Ihr Männer pöbelt euch doch gegenseitig auf der Straße ständig an!

Grobi: Aber wir müssen doch wissen, wer stärker ist. Außerdem ist das oft viel Lärm um nichts. Die Hündinnen dagegen, wenn die sich nicht leiden können, dann geht es erst richtig zur Sache. Sie sind manchmal soooo… zickig!

Jule: Zickig? Iiiiich? Ich bin ü b e r h a u p t nicht zickig, du Doofian! Und wen interessiert schon, wer stärker ist?! Ich finde es viel wichtiger, wer sensibler ist. Hündinnen sind viiiieel sensibler!

Grobi: Na, du musst es ja wissen!- Dabei bist du doch diejenige, die sich beim Spielen ständig in meiner Flanke verbeißt.

Jule: ehm...

Grobi: Was meint denn eigentlich unsere Sachtextautorin dazu?

Rüde oder Hündin?

Bei Hunden sind die Geschlechterunterschiede in etwa so ähnlich ausgeprägt wie bei uns Menschen. Hündinnen und Rüden spielen auf die gleiche Art, können die gleichen Dinge lernen, genauso gelehrig oder dickköpfig, liebevoll oder auch missmutig sein. Dennoch gibt es Unterschiede, die du kennen solltest.
Ein Rüde neigt wesentlich eher dazu, seinen Kopf durchzusetzen als eine Hündin. Wird der junge Hund erwachsen, könnte es also leichter passieren, dass dein Rüde versucht, auch bei dir den Ton anzugeben. Meistens fängt es ganz harmlos an: Er will nicht den Platz auf dem Sofa freimachen oder kommt

auf Ruf nicht mehr zurück (obwohl es früher gut geklappt hat) oder er knurrt, wenn er ein Spielzeug hergeben soll oder fletscht sogar die Zähne, wenn es ums Fressen geht. Sowas passiert natürlich meist, wenn der Besitzer nicht konsequent in der Erziehung seines Hundes war. Und selbstverständlich kann das auch mit einer selbstbewussten Hündin geschehen.
Was bei einem Rüden relativ leicht zum Problem werden kann ist die so genannte „Rüdenaggressivität“. Du kennst das: Ein Hund, der an der Leine zerrt und den Rivalen auf der anderen Straßenseite ankläfft, als wollte er ihn zerfleischen.
Auch dieses Verhalten zeigen wesentlich eher Rüden als weibliche Hunde. Ebenso wie die territoriale Aggression, die sich gegen Besucher oder Postboten richtet.
Hündinnen sind also in vielfacher Hinsicht die einfacheren Partner und eignen sich besser als Ersthund. Sie lassen sich in der Regel leichter erziehen. Allerdings gibt es bei ihnen zweimal im Jahr eine Zeit von etwa drei Wochen, in der auch die besterzogenste Hündin außer Rand und Band gerät: die Läufigkeit. Im Abstand von sechs Monaten wird eine Hündin nämlich läufig. Sie ist auf der Suche nach einem geeigneten Kandidaten, der der Vater für ihre Jungen werden soll. In dieser Zeit kann sie nicht von der Leine gelassen werden, da sie nicht zuverlässig gehorchen würde. Und es kann durchaus sein, dass ihr beim Spaziergang durch den Park eine ganze Reihe von aufdringlichen Verehrern hinter euch her zieht.
Wie du siehst: es gibt Vor- und Nachteile. Ob du eine Hündin oder einen Rüden wählst, ist im Endeffekt einfach eine Geschmacksache.

Grobi: He Jule, weißt du, was ich neulich bei uns an der Straßenecke gehört habe?
Jule: Ich weiß ja schon viel, **Grobi... aber: Nein, das kann ich nicht wissen.**

Grobi: Also, ich war gerade dabei, diese tolle Hortensie zu markieren. Du weißt schon, ich hob mein Bein seeeehr hoch und zielte dann genau...
Jule: Komm zur Sache!
Grobi: Ja, ja... Da unterhielten sich zwei Menschen darüber, wo sie wohl einen Hund herbekommen sollen. Es ging hin und her! Hin und her! Und da dachte ich: Gar nicht so groß der Unterschied zwischen ihnen und uns. Ich meine, diese Entscheidungsnot kenn ich auch: Nehme ich nun den kleinen oder den großen Knochen, klaue ich die Butterbrote oder tu ich es besser doch nicht? Das ist doch fast so wichtig wie die Frage: Woher einen Hund besorgen. Fast!
Jule: Woher die Menschen einen Hund holen können, das ist doch wohl logisch! ICH stamme aus dem Haus einer bekannten Züchterin. Meine Mama hat schon viele Siegertitel auf Ausstellungen bekommen und mein Papa ist ein Champion.
Grobi: Angeberin! - Meine Mama ist die schönste aller Labradorhündinnen und auf meinen Vater pfeif ich. Auf den Charakter kommt es an. Aber

im Tierheim sind sie alle gleich. Egal ob mit oder ohne Stammbaum. Und eins will ich mal klar stellen: RASSE SCHÜTZT VOR TIERHEIM NICHT!

Jule: Auf den Charakter kommt es an????? Du willst doch wohl nicht sagen, dass mein Charakter irgendwie zu wünschen übrig lässt?! Zucht von bestimmten Rassen ist total wichtig. Ich bin ein Jagdhund durch und durch! Meine Eltern sind nicht nur schön, sondern haben auch viel Sinn für die Arbeit. Wenn sich alles so durcheinander quirlen würde, dann gäbe es bald gar keine Spezialisten mehr unter uns!

Grobi: Spezialisten, Spezialisten. Wer braucht schon Spezialisten. Doch nur die wenigsten. Die meisten Menschen wollen einfach nur einen bepelzten, netten Kumpel. So einen wie mich beispielsweise!

Jule: Grobi, du bist mein allerbester Freund! - aber leider weiß kein Mensch, was er sich für ein Pelzknäuel nach Hause holt, wenn er einen Mischlingswelpen zu sich nimmt. Wer weiß, was der arme Kleine erlebt hat? Und wer weiß, ob sein unbekannter Vater nicht ein Furcht einflößender, schrecklicher, geifernder... (schluck)

Grobi: Nun mach aber mal halblang! Immerhin tragen die Menschen einen großen Teil der Verantwortung an unserem Verhalten. Schließlich kommt keiner von uns als aggressiver Raufer auf die Welt.

Jule: Ach, wirklich? Und was war mit diesem unsympathischen Schutzhund neulich? Der wollte dich ohne Grund verprügeln - obwohl er noch ein halbes Kind war. Die sind von Haus aus so, Grobi. Das kannst du auch im Kapitel „Wie kam der Hund zum Menschen?" nachlesen. Es gibt wirklich einige Vertreter unserer Art die ziemlich leicht sauer werden.

Grobi: Ja, zugegeben. Das ist ein Problem. Da haben die Menschen mit ihrer Züchterei Bockmist gebaut. Und falls solche Welpen in schlechte menschliche Gesellschaft kommen, dann sieht es böse aus. So ein Hund braucht einen Menschen mit Hundeerfahrung. Aber das gilt schließlich auch für bestimmte Rassehunde. Bei uns wohnt nebenan ein Pitbull-Mischling, der Harry. Und mit Harry komme ich wirklich gut klar. Er ist Klassenbester in der Hundeschule. Und meine Leute sagen immer: „Harrys Mensch, der hat echten Hundeverstand. Und in einem Mischling stecken eine Menge guter Eigenschaften." Recht haben sie! Sieh mich an! Ich

vereinige alle guten Eigenschaften gleich mehrerer Rassen in mir.
Jule: Klar! Und die negativen Eigenschaften haben alle deine Geschwister geerbt, nicht?! Au, nicht zwicken! Lass uns lieber ins nächste Kapitel gucken!

Edelrasse oder Promenadenmix?

Die Frage nach einem Welpen oder einem erwachsenen Hund hätten wir geklärt. Es steht für dich also fest, dass es unbedingt und ganz sicher ein Welpe sein soll? Du weißt nur nicht, ob ein Rassehund oder ein Mischling?

Das haben wir gleich! Bitte ankreuzen:

1. Wieviel Geld steht dir zum Kauf eines Hundes zur Verfügung?
a. Etwa 100,- DM.
b. Meine Eltern bezahlen den Hund und sind bereit, auch 1.500,- DM zu zahlen.
c. Ein Hund kostet Geld?

2. Welche Ansprüche hast du an deinen erwachsenen Hund, was das Aussehen und seinen Charakter angeht?
a. Ich lass mich gern überraschen!
b. Ich möchte schon wissen, wie sie/er später mal aussieht und in etwa sein wird!
c. Ich will sowieso nur den tollsten!

3. Möchtest du später mal mit deinem Hund Hundesport ausüben und an weiterführenden Turnieren teilnehmen?
a. Hundesport vielleicht. Turniere aber auf keinen Fall!
b. Wäre gut möglich!
c. Also, das reicht doch, wenn ***ich*** Handball spiele, oder?!

4. Möchtest du später mal mit deinem Hund auf Ausstellungen gehen?
a. Nein!
b. Ja!
c. Was wird denn da ausgestellt?

Auflösung:

Hast du in erster Linie die Antworten „a" angekreuzt? - Dann ist ein Mischlingswelpe der Glückliche!
Du hast dich hauptsächlich für die Antworten „b" entschieden? - Dann sollte es eher ein Rassehund sein!
Wer die Antworten „c" am passendsten für sich fand, der gehe bitte in ein Spielzeuggeschäft und kaufe sich ein Plüschtier!

Das beste Tierheim weit und breit

Ins Tierheim geht eigentlich niemand gern. Denn trotz allem Mitleid, das wir für die „Bewohner“ dort empfinden, können wir doch bestenfalls nur einen mit zu uns nach Hause nehmen.
Das Betreuungs- und Pflegepersonal in einem Tierheim gibt sich sehr viel Mühe mit den Hunden, Katzen, Kaninchen, Meerschweinchen, Schildkröten, Vögeln und anderen Tieren. Und trotzdem fehlt den Hunden dort das eigene Rudel, der Chef, die ausgiebigen Spaziergänge und die Übungsstunden. Einem Hund aus dem Tierheim ein neues Zuhause zu geben, ist eine wirklich gute Tat und wird von seiner Seite mit viel Dankbarkeit und Anhänglichkeit belohnt.

Worauf du bei der Wahl deines Tierheims achten solltest:
1. Es erfolgt eine ausführliche Beratung über deine Wünsche und den „richtigen“ Hund für dich.
2. Hast du dich spontan in einen Hund verliebt, darfst du mehrmals - vielleicht jeden Tag - mit ihm spazieren gehen und dich mit ihm beschäftigen. So habt ihr die Möglichkeit, euch kennen zu lernen.
3. Ideal wäre es auch, wenn du „deinen“ Hund mal für ein Wochenende mit nach Hause nehmen kannst, damit er deine ganze Familie kennen lernen kann.
4. Kritische Fragen nach dem zukünftigen Leben ihres Schützlings sollte niemand krumm nehmen. Es ist ein sehr gutes Zeichen, wenn die Betreuer im Tierheim sich versichern wollen, dass es deinem Hund gut gehen wird.
5. Nach dem Kauf solltest du weiterhin eine Begleitung durch das Tierheim erfahren. Vielleicht in Form eines Erziehungskurses, den viele Tierheime mittlerweile anbieten.
6. Am besten wäre es, wenn du im Tierheim einen festen Ansprechpartner hast, an den du dich jederzeit wenden kannst.

Die beste Züchterin der Welt!

... muss es vielleicht nicht unbedingt sein. Aber du kannst durchaus erkennen, ob es jemand ist, der mit Liebe bei der Sache ist. Ein/e gute/r ZüchterIn zeichnet sich durch folgende Punkte aus:
1. Sie/er züchtet aus Liebe zum Hund, nicht aus Geldmacherei.
2. Sie/er züchtet nur eine einzige Rasse. (Oder zwei Rassen, die sehr eng miteinander verwandt sind.)
3. Sie/er hat nicht zu viele erwachsene Hunde bei sich.
4. Sie/er zeigt bereitwillig jederzeit die Mutterhündin der Kleinen. (Beobachte genau, ob die Hündin sich auch wie die Mutter benimmt!)
5. Sie/er ist durchaus kritisch dir gegenüber, stellt diverse Fragen dazu, wie der Hund aus ihrer Zucht bei dir leben soll. Ebenso freut sie/er sich über Fragen, die du stellst - denn das zeigt ja, dass du Interesse und Hundeverstand hast und alles richtig machen willst.
6. Sie/er hat den Impfpass des Welpen parat liegen. Dort ist von einem Tierarzt bescheinigt, dass der Welpe gegen alle gefährlichen Krankheiten (siehe Kapitel „Tierarzt“) durch Impfung geschützt ist. Ebenfalls sollte ein Entwurmungsplan vorliegen. Die notwendige zweite Impfung nach etwa vier Wochen musst du normalerweise selbst übernehmen, ebenso wie die Tollwutimpfung.
7. Sie/er gibt bei Abgabe des Welpen gleich einen Futterplan mit, dem zu entnehmen ist, was der kleine Kerl bisher bekommen und auch mühelos vertragen hat. An diese Futteranweisung solltest du dich im ersten halben Jahr auf jeden Fall halten!
8. Im Idealfall lernst du deinen Welpen schon lange vor dem Abgabetermin kennen. Ein/e gute/r ZüchterIn erlaubt den Welpenkäufern, „ihr“ Hundebaby regelmäßig zu besuchen, mit ihm zu spielen und zu schmusen. Dadurch fällt dem Kleinen die Umstellung schließlich viel leichter.

Wissen, ohne das es nicht geht!

So wäre es also richtig und gut. Doch leider gibt es auch viele so genannte „Züchter“, die regelrechte schwarze Schafe sind! Grobi hat dazu einiges zu berichten:

Schon mal etwas von den so genannten „Vermehrern" gehört? – Das sind Menschen, die berufsmäßig Hunde züchten und ihre Zuchttiere unter ziemlich miesen Bedingungen leben lassen.

Es geht solchen Leuten nur ums Geldverdienen, nicht darum, den Tieren oder Menschen einen Gefallen zu tun. Sie lassen ihre Hündinnen am laufenden Band decken, ohne dass die sich von den Geburten erholen können und verkaufen die Welpen dann zu einem hohen Preis.

Die Jungtiere werden oft auch viel zu früh von den Müttern weggenommen. Sie sind häufig krank.

Hund ist in!

Bei Züchtern, die mehrere Rassen per Zeitungsannonce anbieten und zwar das ganze Jahr über, ist absolute Vorsicht angeraten. So ein Züchter könnte ein so genannter Vermehrer sein. Oft sind sie auf den ersten Blick gar nicht als solche zu erkennen. Daher mein Rat: Sei kritisch! Stell Fragen! Schau die Hunde gewissenhaft an!

Grobi und Jule haben vollkommen Recht! Vor diesen „Vermehrern“ wollen wir hier ganz ausdrücklich warnen! Welpen sind für diese „Geschäftsleute“ keine Lebewesen, sondern nur Mittel zum Zweck: Geld! Geld! Geld!

Wenn du an einen solchen „Züchter“ gerätst, dann kauf ihm auf keinen Fall einen Welpen ab! Auch wenn du die Kleinen gern aus ihrer Lage befreien möchtest, wäre das keine Lösung. Denn für einen verkauften Hund rücken gleich zwei andere nach. Und erfahrungsgemäß sind diese Welpen schlecht oder gar nicht geprägt (schnell nachschlagen im nächsten Kapitel „Prägung und Sozialisation“!), können verhaltensauffällig, handscheu oder zu Angstbeißern werden, die sich nur schwer erziehen lassen.

Die miesen Gestalten, die mit diesen bemitleidenswerten Geschöpfen ihren Handel treiben, erkennst du zum Beispiel daran:

1. Sie haben immer gleich mehrere recht unterschiedliche, aber „moderne“ Rassen „auf Lager“.
2. Sie zeigen kein Interesse daran, wohin ihre Welpen verkauft werden.
3. Sie wollen die Hunde möglichst schnell verkaufen.
4. Sie zeigen selbst gemachte „Stammbäume“ vor, die keinen Pfifferling wert sind.
5. Sie können keinen Impfpass vorlegen. Das bedeutet: der Welpe ist absolut ungeschützt gegen alle häufig auftretenden und oft tödlichen Krankheiten!

Oder der Impfpass weist lediglich eine billige und kaum schützende Baby-Impfung auf. (Kapitel „Tierarzt - Welche Impfungen braucht dein Hund?")
6. Sie weisen keine regelmäßige Entwurmung nach.
7. Oft erfinden sie fadenscheinige Gründe, aus denen sie die Mutterhündin nicht vorzeigen können. Denn diese Hündin befindet sich gar nicht bei ihnen. Sie haben nur die armen Welpen von einer Hundeschieberbande übernommen.

Um auf Nummer sicher zu gehen, empfehlen wir dir:
Schau nicht in die Inserate der Tageszeitungen, denn dort findest du viele dieser finsteren Gestalten.
Ruf stattdessen beim Verband für das deutsche Hundewesen e.V. in Dortmund an (Nummer hinten unter „Nützliche Adressen")! Dort erhältst du Adressen von ZüchterInnen deiner Lieblingsrasse, die gerade oder in Kürze Welpen zu vergeben haben. Außerdem gibt es viele weitere (VDH-unabhängige) sorgfältig arbeitende Hundeclubs, die sich auf „ihre" Rasse spezialisiert haben. Auch bei diesen Züchtern bist du gut aufgehoben. Du findest sie in den Adresslisten einiger Hundezeitschriften, die du am Kiosk oder in der Bahnhofsbuchhandlung bekommst.
Immer gilt: Schau genau hin! Sei kritisch! Im Zweifelsfall: Verzichte!

Erhältst du deinen Mischlingshund von Privatpersonen, dann sieh dir nicht die Welpen, sondern erst mal die Leute an. Sind sie nett und freundlich? Wie gehen sie mit den Welpen und ihrer Mutterhündin um? Sind die Hunde im Haus/Wohnung oder etwa im Keller oder in der Garage? Wenn kleine Kinder da sind: Dürfen die jederzeit an die Welpen heran, zerren an ihnen - oder achten die Erwachsenen darauf, dass die Kinder die Hundebabies nicht drangsalieren?

Hast du mehrere Welpen bei unterschiedlichen Leuten zur Auswahl (die Zeitungen sind oft voll davon), dann wähle deinen Hund aus der Familie, die dir die liebste ist!

Prägung und Sozialisation

Auch ein erwachsener, älterer Hund kann noch eine Menge ***lernen***. Mit Einfühlungsvermögen und etwas Geschick kannst du einem mehrere Jahre alten Tierheimhund noch alles Wichtige ***beibringen***, was er für euer Zusammenleben braucht. Übungen wie „Sitz", „Platz" und auch das schwierige „Fuß" zu erlernen, ist nicht unbedingt ein Problem für einen vertrauensvollen erwachsenen Hund. Das Sprichwort, dass ein „alter Hund keine neuen Kunststücke mehr lernt" stimmt also nicht ganz. Er braucht nur etwas länger.
ALLERDINGS gibt es einige wenige Dinge, die schon ein halbjähriger Hund niemals mehr ***lernen*** kann. Weil es sich hierbei nämlich nicht um ***Erlern***bares im Sinne von Gehorsamsübungen handelt, sondern um ***PRÄGUNG***.
Die Prägung des jungen Hundes findet in den ersten Lebenswochen und -monaten statt. Und zwar erfolgt sie sowohl auf seine Artgenossen wie auch auf den Menschen. Deshalb ist es so wichtig, dass du dir die Umgebung, in der dein Welpe die ersten Wochen seines Lebens verbracht hat, genau anschaust.
Was in diesen ersten Wochen verpasst wird, kann von dem jungen Hund ***nie wieder*** aufgeholt werden!

Beispiel: Trennt man einen Welpen von Mutter und Geschwistern und lässt ihn nur beim Menschen aufwachsen, wird er sein Leben lang große Schwierigkeiten mit anderen Hunden haben. Hat ein Welpe keinen

Kontakt zu Menschen, wird er auch als Erwachsener stets handscheu und unerziehbar bleiben.

Grobi: Guck dir den Kleinen da an. Er hat noch nie Artgenossen gesehen.
Jule: Ja, ich weiß, schreckliche Geschichte. Mutter und Geschwister tot, mit der Flasche aufgezogen. Er hatte nie Zeit, die Spielregeln zu lernen!
Grobi: Die Verhaltensspielregeln.
Jule: He, das Besserwissen ist **mein** Part!
Grobi: Ich will auch mal angeben!
Jule: Der arme Kleine. Wahrscheinlich wird er sich Zeit seines Lebens nicht so richtig in ein Rudel einfügen können.
Grobi wirft sich stolz in die Brust: Wegen der Prägepfote!
Jule: Präge**PHASE**!
Grobi: Mein ich ja!

Eine gute Züchterin wird ihren Welpen so viel wie möglich beibringen, indem sie sie am Alltag der Familie teilhaben lässt. Da gehen Kinder ein und aus, genauso wie alte Leute. Alle Nase lang kommt jemand zu Besuch - ein Grund für riesige Freude! Und der große Dobermann vom guten Bekannten ist auch kein Monster, sondern ein Kumpel. Diese alltäglichen Situationen nennt man auch „Sozialisation". Erst durch sie wird der Hund zu einem ***sozialen Lebewesen***, das sich problemlos in seine vielfältige Umwelt eingliedern kann.
Du kannst die gute Vorarbeit deiner Züchterin einfach weiterführen, indem du deinen jungen Hund - nach einer kurzen Eingewöhnungszeit in sein neues Zuhause - überall mit hin nimmst. Er sollte möglichst viel kennen lernen: Straßenbahnfahren und Kaufhäuser, Kinder, alte Leute, Kühe und Pferde, ein Wildgehege. Alle paar Tage kannst du dir eine neue Unternehmung ausdenken. Das Wichtige dabei ist, dass du selbst dich vollkommen normal verhältst.

Wissen, ohne das es nicht geht!

Mach deinen Hund nicht auf fremde Tiere (die Rehe im Wildgehege) aufmerksam. Er muss den Eindruck gewinnen, dass dies alles für dich reine Routine ist. (`Aufregen? Wieso soll ich mich aufregen? Mein Rudelchef ist doch auch ganz cool! Und für ihn sind die Rehe gar nicht interessant, sondern viel mehr unser toller Ball!´)
Ein kleiner Welpe, der in solch einem Umfeld heranwächst, bringt die besten Voraussetzungen mit, um ein selbstbewusster, verlässlicher Hund zu werden, den nichts so leicht aus der Ruhe bringt.

Wenn du dir einen Welpen aus dem Wurf aussuchst, dann lass dein Herz entscheiden. Gegenseitige Sympathie ist absolut notwendig. Ihr zwei wollt ja später mal ein echtes Team werden. Kannst du dich nicht so recht entschließen, welcher der Süßen es denn nun sein soll, dann mach doch folgenden Test: Nimm einen Welpen zu dir heran und dreh ihn ganz vorsichtig auf den Rücken (weiche kuschelige Unterlage oder deine Hand unterlegen!). Streichel ihn dabei und rede liebevoll mit ihm, kraul ihm zärtlich das dicke Bäuchlein. Lässt der Zwerg sich das problemlos gefallen und findet Gefallen am Streicheln, wird er wahrscheinlich später zu einem recht artigen, leicht erziehbaren Kameraden. Welpen, die sich schon im Alter von sieben oder acht Wochen heftig gegen diese - aber bitte wirklich sehr liebevolle! - Behandlung wehren, reifen erfahrungsgemäß zu eher eigensinnigen Persönlichkeiten heran. Wenn du also einen problemloseren Hund möchtest, dann entscheide dich für den Bauchschmuser!

Zwingerhaltung

Dieses ist das kürzeste Kapitel des Buches und es lautet: BITTE, MENSCH, TU DAS NICHT!

Ein Hund, als soziales Lebewesen, das dringend sein Rudel um sich braucht, verkümmert seelisch, wenn er ständig allein eingesperrt wird. Fast immer entstehen durch dieses unnatürliche Leben hohe Aggressivität, Stumpfsinn und andere Verhaltensstörungen. Wenn deine Eltern einen Hund im Haus nicht wollen und dir einen Zwinger als Alternative vorschlagen, dann verzichte! Dem Hund zuliebe!

DAS muss ins Haus bevor der Hund kommt!

Egal, ob erwachsener Hund oder Welpe, ob aus dem Tierheim oder von der ZüchterIn - ein paar Dinge müssen bei dir zu Hause auf deinen Hund warten:

Körbchen/Klappkäfig

Dein Hund soll mit in deinem Bett schlafen? Tja, bitteschön! Klar ist das niedlich und kuschlig, solange er noch so klein und duftig ist. Doch denk daran, dass sein Welpenschlafplatz auch ***auf jeden Fall immer*** sein Schlafplatz bleiben sollte! Er wird groß und beansprucht dann ziemlich viel Platz. Im Winter ist ein Hund mit seiner hohen Körpertemperatur von durchschnittlich 38,5 Grad gewiss eine wunderbare Wärmflasche - aber im Hochsommer? Schlimm sieht´s auch aus, wenn das Winterfell gegen das Sommerfell getauscht wird und scheinbar Tonnen von Hundehaaren überall dort liegen, wo der Kleine geruht hat.
Ältere Hunde riechen meist streng und unan-

genehm. Und echte Wasserratten unter ihnen haben im Sommer eigentlich tage- bzw. nächtelang ein feuchtes Fell... Überzeugt? Also ein Körbchen!
Kauf es gleich so groß, dass auch dein erwachsener Hund darin gut Platz finden wird. Am besten sind oben offene Körbe, die an der Vorderseite einen niedrigeren Einstieg haben. Kleine Rassen haben gern höhlenartige Körbchen aus weichem Material, in das sie sich durch ein kleines Loch komplett zurückziehen können. Leider kommt es immer mal wieder vor, dass diese Höhle dann (zum Beispiel bei Krankheit) nicht freiwillig verlassen wird. Dann musst du entweder beim Hineingreifen einen Biss riskieren oder aber du schüttelst deinen Hund regelrecht aus seinem Korb heraus - eine für beide Seiten höchst unerfreuliche Angelegenheit, die nicht gerade dem Vertrauen dient!
Meine Hunde haben stets am liebsten in Weidenkörben gelegen, die herrlich gemütlich knatschen, wenn sie hineinsteigen. Außerdem haben diese Körbe herausnehmbare und maschinenwaschbare „Matratzen" und ermöglichen im Sommer eine gute Luftzirkulation. Viele Welpen neigen jedoch dazu, in ihrem jugendlichen Leichtsinn ihren Korb „anzufressen". Die Gefahr, dass ein spitzes Stück verschluckt wird, ist dann sehr hoch. Daher bei einem Weidenkorb auf jeden Fall eine Wolldecke hineinlegen und gut über den Rand hängen lassen. (Kante zum Knabbern? Wo soll denn hier eine Kante sein?) Das solltest du vorsichtshalber auch bei einem Plastik- oder Plüschkorb tun!

Eine hervorragende Alternative zum Körbchen bietet der Klappkäfig. Er sieht zwar nicht besonders hübsch aus und die meisten Menschen verbinden zunächst „Eingesperrtsein" damit, aber der Klappkäfig hat enorme Vorteile: Bei richtiger Erziehung wird er zu einer akzeptierten Zufluchtsstätte, ist im Urlaub ein „mitreisendes Schlafzimmer" und leistet gute Dienste bei der Erziehung zur Stubenreinheit wie auch zum Alleinbleiben.

Nicht nur Art, Größe und Material, sondern auch der Standort des Schlafplatzes sollte bestimmt werden, ***bevor*** der Hund ins Haus kommt. Es gibt für ihn schon genügend neue, aufregende Eindrücke. Da soll nicht auch noch sein Bett herumwandern!
Für junge Hunde in einem Rudel ist es selbstverständlich, dass sie nah bei den anderen Rudelmitgliedern übernachten. Am schönsten wäre es also, wenn der Hundekorb/der Klappkäfig in deinem Zimmer stehen würde - am allerschönsten direkt neben deinem Bett. Das erleichtert auch die erste Nacht. Ich habe sie stets auf dem Bauch liegend zugebracht. Quängelte mein Welpe herum und jammerte, versuchte ich, ihn zu ignorieren (Das ist wahnsinnig schwer! Man kommt sich herzlos und furchtbar gemein vor!). War er dann aber eine Minute lang still, rutschte meine Hand direkt aus dem Bett zu ihm ins Körbchen und streichelte und liebkoste ihn. Ach, das war toll! Meine Hunde haben so alle innerhalb von einer Nacht gelernt: `Wenn ich Krach mache, kümmert sich niemand um mich. Aber wenn ich still bin, dann werde ich immer mal wieder gestreichelt! Brav sein lohnt sich also!´

Wissen, ohne das es nicht geht!

Notwendig: ein Körbchen oder ein Klappkäfig, das/der groß genug ist, damit dein erwachsener Hund noch ausreichend Platz darin findet.

Fressnäpfe

Auch Wasser- und Futternapf sollten ihren Standort nicht mehr wechseln. Dein Hund soll ja schließlich seinen Durst jederzeit stillen können. (Täglich auf frisches Wasser achten!). Ansonsten ist es ihm aber vollkommen egal, ob er aus einer alten Müslischale oder einem tollen Edelstahl-Napf frisst. Nur stets sauber sollte er sein!

Notwendig: ein Fressnapf, ein Wassernapf.

Futter

Auch für deinen Hund gilt: er ist, was er frisst! Leider gibt es immer noch Hunde, die täglich einfach das in den Napf bekommen, was die Familie mittags isst. Doch auch, wenn´s ihm noch so gut schmeckt: diese Ernährung bekommt ihm nicht! Unser Essen ist gewürzt und in den falschen Anteilen zusammengestellt. Am besten vertraust du auf die Hundefutter-Hersteller von gutem Fertigfutter. Das bekommst du nicht immer im Supermarkt, sondern im Zoofachhandel, und es ist auch nicht ganz billig. Doch du willst ja einen gesunden Hund, der weder Magen-, noch Fellprobleme bekommt. Die gute Verdaulichkeit eines Futters erkennst du an der Größe des Geschäftes: je kleiner das Häufchen, desto besser das Futter.

Ein junger Hund frisst meist erst einmal alles, was du ihm vorsetzt. Deswegen leg schon im Welpenalter den Grundstein: Gewöhn deinen Hund daran, dass er gern Apfel oder Banane nimmt, Quark und Hüttenkäse als Delikatesse betrachtet und auch gedünstetes Gemüse nicht verachtet. Gekochte Nudeln, Reis und Kartoffeln kann er natürlich auch bekommen. So kannst du mehrmals die Woche seinen Speiseplan etwas abwechslungsreicher gestalten und einen Anteil dieser Speisen unter sein gewohntes Fertigfutter mischen.

Wird dein Hund mal zu dick, reduziere sofort sein Futter und bewege ihn mehr. Unsere Haushunde neigen alle eher zu Fettsucht als zum Hungertod. Und Dicksein schadet der Gesundheit eines Hundes enorm!

Apropos: Der Tierarzt wird dir zur richtigen Hundeernährung auch ein paar Tipps geben können.

Notwendig: Das Welpenfutter einer guten Futterfirma.

Hund ist in!

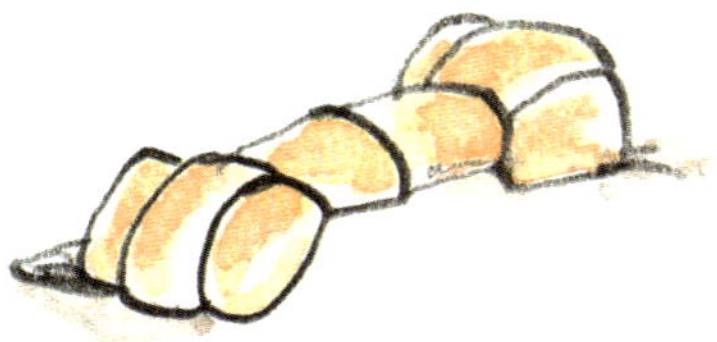

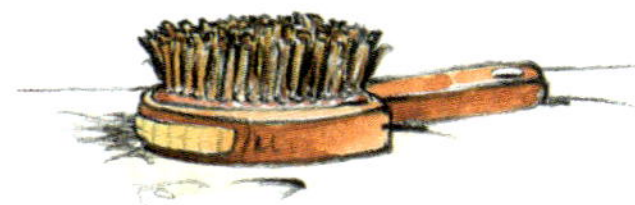

<u>Kauknochen</u>

Kleine Hunde wollen kauen. Das wirst du feststellen, sobald der Zwerg sein neues Zuhause erkundet und dabei alles mit seinen nadelspitzen Zähnen untersucht. Zehn Wochen alte Welpen kauen aus Neugierde und Entdeckungssinn alles an, was ihnen vor die Schnauze kommt. Werden sie älter, etwa ab dem vierten Monat, kommen sie in den Zahnwechsel. Das Zahnfleisch juckt und die Kaulust nimmt noch mehr zu. Nichts ist mehr vor ihnen sicher.

Damit nicht Schuhe, Teppiche und Möbelbeine angeknabbert werden, sollten deinem Hund Kauknochen zur Verfügung stehen.

Es gibt im Zoofachhandel so genannte „Büffelhautknochen“, die für uns Menschen geruchsneutral sind, dem Hund aber schieres Kauvergnügen bereiten.

Kauf die Knochen groß genug! Ja, du hast richtig gelesen: **Groß**! Es muß ein großer Knochen sein, etwa halb so lang wie der Welpe. Zu kleine und dünne Knochen werden leicht zerkleinert und ratzfatz aufgefressen. Zuuuu viel Büffelhaut ist aber nicht gesund. Deshalb: Lieber einen großen Knochen kaufen, mit dem der kleine Wicht richtig Arbeit hat.

Eine andere Möglichkeit ist weniger bekannt, dafür aber sehr gesund für junge Hunde: In einer Metzgerei kaufst du die Gelenkkugel eines Rinderoberschenkels. (Kostet nur ein paar Mark und hält lange!) Den kochst du in einem großen Topf gut ab. Es bleibt genug Knorpel und Fleichrest übrig, um deinen Hund für Tage zu faszinieren. Der Knorpel enthält wichtige Aufbaustoffe, die im Wachstum eine große Hilfe bedeuten. Und: Dieser ganz besondere Kauspaß riecht auch nicht!

Notwendig: mindestens ein Kauknochen.

<u>Kamm/Bürste</u>

Nehmen wir mal an, du hast dich für einen Collie entschieden. Natürlich nicht, weil du noch an Lassie glaubst! Stattdessen weißt du um das gewinnende und gehorsame Wesen eines Collies, der sich außerdem recht leicht erziehen lässt.

Dein Welpe hat noch watteweiches wuscheliges Fell, das - seien wir mal ehrlich - nach dem Kämmen auch nicht viel gepflegter aussieht als vorher. Warum also den Kleinen mit dieser Prozedur quälen? Ganz einfach: Noch hast du ihn wunderbar im Griff und er würde sich nie trauen, dich etwa zu beißen, nur weil du ihn kämmen willst. Natürlich wird er ein wenig gegen deine Pflegeaktion protestieren - doch lass dich nicht abschrecken. Nach ein paar Tagen weiß er, dass Kämmen einfach ***jeden Tag*** dran ist. Und im Grunde ist es ja sogar ganz angenehm. Denn du ***sprichst die ganze Zeit freundlich*** mit ihm und hinterher gibt es immer ein Leckerchen. Also: Nichts wie her mit dem Kamm!

Lernt er das nicht von Welpenbeinen an, wird er später unter Garantie Schwierigkeiten machen. Und das verfilzte Haar eines langfelligen Hundes ist mehr als unattraktiv, stinkt und verursacht Hautreizungen bis zu Allergien beim Hund. Überzeugt?!

Übrigens: Bei vielen Hunderassen, zum

Wissen, ohne das es nicht geht!

Beispiel Cockerspaniel, ist die Fellpflege beim Welpen zwischen dem vierten und zwölften Monat oft aufwendiger als die des erwachsenen Hundes: das weiche Babyfell fällt nämlich langsam aus und muss regelmäßig entfernt werden.
Notwendig: je nach Rasse ein dünnzankiger Kamm, eine weiche oder härtere (auf abgerundete Borsten achten!!) Bürste. Zum Üben für den Welpen ist eine weiche Babybürste besonders angenehm!

Shampoo
habt ihr genug zu Hause? Eins für Papas Schuppen, eins für Mamas gefärbtes Haar und ein altes aus deinen Baby-Tagen? WARNUNG! Die Haut deines Hundes ist sehr empfindlich. Sie besitzt einen vollkommen anderen Säuremantel als die des Menschen. Also brauchst du unbedingt ein spezielles ***Hunde***shampoo, das du in jeder Zoofachhandlung bekommst. Eingeschäumt wird aber nur im „Notfall“, das heißt, wenn dein kleiner Freund sich in etwas Stinkendem gewälzt hat (JA! Das wird er irgendwann gewiss mal tun!) oder ein echtes Schlammbad genommen hat. Nach einem normalen Spaziergang auf feuchtem Waldboden reicht es aus, seine ***Pfoten und den Bauch*** abzuwischen/zu duschen.
Notwendig: ein Hundeshampoo. Möglichst abgestimmt auf langes, seidiges oder aber kurzes, raues Fell.

Halsband
Ja, das muss unbedingt sein! Und: nein, es hat nicht Zeit, bis der Kleine etwas größer ist! Das Halsband ist sozusagen der Nothaltegriff für deinen Hund. Daher gewöhn ihn rasch an das unangenehme, juckende Ding. Nicht etwa nur dann, wenn es rausgeht! Leg ihm das Halsband immer für ein paar Minuten um, wenn er Futter bekommt oder wenn du mit ihm spielst. Dann verbindet er das komische Ding mit etwas Positivem.
Das beste Material für Halsbänder ist immer noch Leder. Aber auch die immer beliebter werdenden Nylonbänder sind in Ordnung. Absolut tabu sind Ketten-, Würge- oder Stachelhalsbänder! Diese Starkzwangmittel sollten - wenn überhaupt - nur von erfahrenen Hundeausbildern zur Korrektur eines bereits ausgebildeten, schwierigen Hundes eingesetzt werden, denn Verletzungen sind damit leicht möglich.
Notwendig: bei großen Rassen Babyhalsband zum Mitwachsen (groß genug kaufen, nicht zu dick!). Bei kleinen Rassen ein Halsband, das das Wachstum mitmacht (auf ausreichend Löcher zum Verstellen achten!).

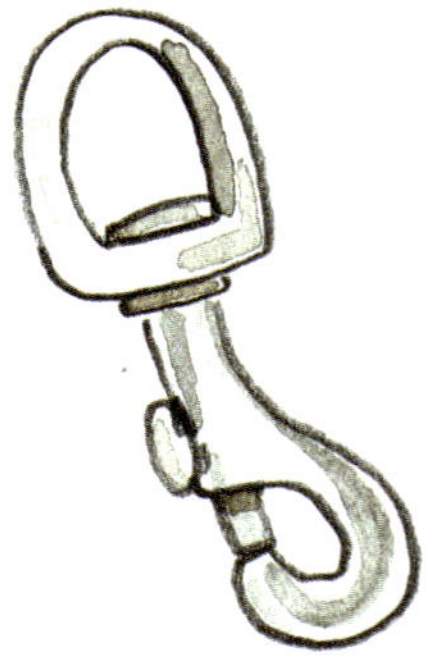

Leine

Nicht zu lang, nicht zu kurz, nicht zu schwer! Leinen gibt es wie Sand am Meer. Viele von ihnen sind gut. Achte beim Kauf auf Folgendes:

Der Verschluss muss sicher sein! Am besten sind Karabinerhaken, weil sie sich im Gegensatz zu einigen anderen Verschlüssen nicht selbstständig lösen können. Je kleiner der Hund, desto leichter die Leine. 1,50 bis 2,00 m lauten die Idealmaße. Und das Ganze sollte am besten aus Leder sein. Es gibt jedoch auch hübsche Leinen aus gewebtem Stoff oder dicke Kordeln. Ich finde immer, dass die leichter in die Hand schneiden oder wegrutschen. Wahrscheinlich ist das Geschmackssache.

Aber Finger weg von Leinen mit einem hohen Anteil von Metall, Kettengliedern und Ähnlichem. Die sind zwar toll zum Angeben, aber viel zu schwer und stellen eine Verletzungsgefahr für dich und deinen Hund dar.

Bei der Farbe der Leine kannst du frei wählen. Dein Hund kann zwar Farben sehen, aber er interessiert sich nicht besonders dafür. Leinen, die über mehrere leichte Metallringe und zwei Karabinerhaken verfügen, eignen sich für größere Rassen. Sie lassen sich nämlich durch diese Zusatzteile gut verstellen, zum Beispiel von „lang" auf „super kurz". Für kleine Rassen sind sie nicht zu empfehlen, da sie durch das zusätzliche Metall zu schwer sind und dem Hund unangenehm am Hals hängen.

Eine fünf oder zehn Meter lange, sehr leichte Leine brauchst du möglicherweise für die Zeit etwa ab dem 5. Monat des Hundes. In dieser Zeit kommt es oft vor, dass junge Hunde auf Entdeckungsreise gehen, das Hörzeichen „Hier!" ignorieren und sich somit schlicht und ergreifend an Ungehorsam gewöhnen. Wenn du deinen Hund für 6 oder 8 Wochen in dieser sensiblen Phase oft mit der langen Leine spazieren führst, behältst du immer die Kontrolle über ihn. Er kann gar nicht lernen, ungehorsam zu sein.

Übrigens: Wenn dein Hund genügend Möglichkeit zum freien Auslauf hat, brauchst du die Ausfahrleine (auch „Flexi" genannt) höchstens zur Erziehung, aber nicht im Alltag! Die Wahrscheinlichkeit ist groß, dass dein Hund dadurch lernt, dass Ziehen Erfolg hat. Allerdings gibt es immer mal wieder Situationen (zum Beispiel die Läufigkeit, ein Gebiet mit Leinenzwang oder ein ausgeprägter Jagdtrieb im Wald), in denen die Flexi-Leine dem Hund zumindest ein bisschen „Auslauf" gewährleistet. Das Motto für Ausfahrleinen heißt also: „Mit Köpfchen einsetzen! Und wenn´s nicht sein muss, lieber lassen!"

Notwendig: eine kurze Leine von etwa 1,50 oder 2,00 Meter. Am besten aus Leder. Zum Üben eine etwa fünf Meter lange dünne Leine. (Gibt es unter dem Namen „Schleifleine" im Zoofachhandel. Du kannst aber auch eine Wäscheleine oder einen dünnen Strick aus dem Baufachmarkt umfunktionieren.)

Richtiges Spielzeug

Die Zoofachhandlungen sind voll davon: Spielzeug für Hunde. Doch längst nicht alles eignet sich für nagende Welpenzähne. Was aus dem riesigen Angebot ist also das Richtige für deinen Hund?

Ich empfehle dir, möglichst unterschiedliches Spielzeug zu kaufen. Was dein Hund als Welpe kennen- und lieben lernt, prägt ihn für sein späteres Leben. Da es für manche

Wissen, ohne das es nicht geht!

Lernschritte in der Erziehung wichtig ist, bestimmtes Spielzeug als Belohnung oder Apportiergegenstände einzusetzen, sollte dein Hund möglichst früh alles Mögliche als spaßbringend kennen lernen.
Gut sind:
* Ball aus Vollgummi - leider auch recht schwer, eher für große Hunde geeignet.
* Ball aus Kautschuk - wunderbar unkaputtbar!
* Ball aus Moosgummi - springt besonders schön, auch auf Waldwegen.

* Zerrstrick aus Baumwolle/Leinen - damit kannst du mit deinem Hund spielen und dein Hund kann daran Zahnpflege betreiben, indem er daran herumkaut. Vorsicht während des Zahnwechsels! Eine schmerzhafte Verletzung beim Zerrspiel kann dem Hund dieses Spiel für alle Zeiten verleiden.
* Weiches Spielzeug mit Quietschie drin - gibt es in unterschiedlichen Variationen, vom Plüschknochen bis zum Teddybären. Überlass diese Spielzeuge deinem Hund nie, wenn er allein damit ist. Er kann sie zerreißen, ausräumen und das Quietschie verschlucken.
*„Kong" am Strick - ein Kong ist so wunderbar, weil er nicht in gerader Bahn wie ein Ball springt, sondern Haken schlägt wie ein Kaninchen. Außerdem besteht er aus Kautschuk und ist nur sehr schwer zerstörbar für Hundezähne! (Achte auf das Original, denn es gibt auch mittlerweile minderwertige Nachbildungen!)

* Bringsel aus gestopftem Leinen/Hanf - tolle Alternative zum Stöckchenwerfen! Ein Muss, wenn dein Hund mal Apportieren lernen soll.

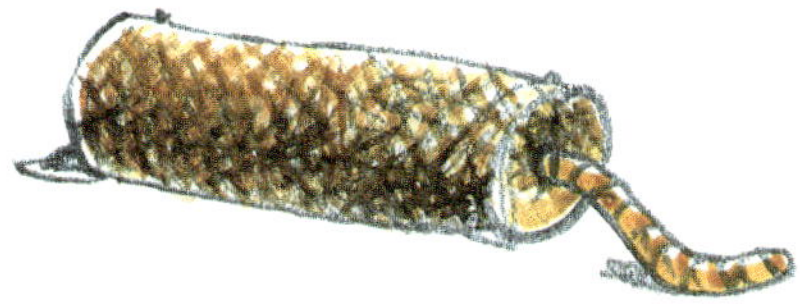

VORSICHT!
Jedes Spielzeug - besonders aber Bälle!!! - dürfen nicht so klein sein, dass der Hund sie verschlucken kann. Das heißt, wenn dein Hund als winziger Welpe auch wahnsinnig gern mit dem gewissen roten Ball gespielt hat, jetzt - als erwachsener Hund - könnte er diesen roten Ball mit Leichtigkeit verschlucken. Also weg damit! Her mit einem größeren Ball!

Wenn du nun eine Menge richtiges Spielzeug besorgt hast, musst du nur noch richtig mit deinem Hund spielen. Über den Spielablauf festigt sich auch die soziale Rangordnung - deshalb ist es so wichtig.
Für das richtige Spiel gibt es ein paar ganz klare Regeln:
1. Nur DU beginnst ein Spiel! - am besten, wenn dein Hund sich gerade langweilt.
2. Nur DU beendest das Spiel! - am besten, wenn dein Hund gerade so richtig heiß gespielt ist.
3. Das Spielzeug gehört allein DIR! - du bist so nett, es deinem Hund zu leihen. Doch du kannst es ihm jederzeit wegnehmen.
4. Beim Spielen hat dein Hund eine gute Chance, auch mal zu gewinnen. Auch er darf mal (aber längst nicht immer!) schneller am Ball sein oder sich den Zerrstrick erkämpfen. Wenn er dann wie ein Angeber damit durch die Gegend läuft, lob ihn: Ja, toll hat er das gemacht, der kleine Protzer!
5. Ganz am Ende einer Spielstunde behältst aber DU das Lieblingsspielzeug und es wandert in deine Hosentasche oder auf dein Regal.

Falsches Spielzeug

Dieses Kapitel sollte eigentlich - genau wie das folgende - in fetten roten Buchstaben geschrieben sein. Denn leider kommt es häufig vor, dass Hunde an ihrem falschen Spielzeug sterben. Ein abgebissener Plastikrand einer Wurfscheibe, ein zu kleiner Ball... der Hund muss elendig ersticken oder verblutet inwendig an den Verletzungen, die der scharfkantige Gegenstand hinterlassen hat. Hier ein paar Beispiele für falsches Spielzeug:

Alte Schuhe

gehören nicht in den Fang deines Hundes! Zum einen ist das Leder behandelt und kann giftige Stoffe enthalten. Zum anderen wird der Hund nicht unterscheiden, dass er alte Schuhe annagen darf, deine neuen, kostbaren Treckingsandalen aber in Ruhe lassen soll. Fazit: Er wird alle Schuhe anbeißen, die er zu fassen bekommt. Das ist nicht nur ärgerlich, sondern auch teuer.

Stöckchenwerfen

im Wald ist lustig?! - Trägt der Hund den Stock wirklich quer im Fang und kaut auch nicht an ihm herum, kann tatsächlich nichts geschehen. Doch wie leicht wird im Eifer des Spielgefechts der Stock nur an einem Ende in den Fang gefasst. So wie wir an einem Eisstiel oder Lolli lutschen, hält dein Hund dann den Stock im Fang und rennt damit davon. Was, wenn er stolpert? Der Stock würde sich tief in den Rachen schieben

Häufige Spielaufforderungen von deinem Hund solltest du am besten komplett ignorieren (nicht schimpfen, nur links liegen lassen!), bis er „aufgibt“. Hat er sich einige Minuten ruhig verhalten, kannst du ihn nun deinerseits zum Spielen auffordern und zeigst so einmal mehr, wer bei euch das Sagen hat.

Es gibt Hunde, die sich - weil gerade niemand Zeit hat - auch mal gern allein mit ihrem Spielzeug beschäftigen. Untersuch es genau, ob es sich auch nicht zerstören oder gar teilweise verschlucken lässt. Ist es „sicher“, dann spricht nichts dagegen, dass dein Hund auch allein Ball oder Ähnliches spielt.

oder - noch schlimmer - durch den Gaumen ins Gehirn. Ein schrecklicher Tod eines lieben Freundes. Und was das Zerkauen von Stöcken angeht: Ich selbst habe erlebt, dass ein abgesplittertes Stückchen Holz im Gaumen eines Hundes stecken blieb und unter schmerzhaften Prozeduren entfernt werden musste. Greif also lieber zum empfohlenen Bringsel aus festgestopftem Leinen/Hanf - das ersetzt einen Stock hervorragend.

Tennisbälle

mit denen viele Hundebesitzer ihre Tiere spielen lassen, sollten für deinen Hund tabu sein! Ihre leuchtende Farbe ist giftig und außerdem ist in ihnen ein feiner Sand verarbeitet, der beim Zerkauen den Zähnen des Hundes schadet. Kauf lieber einen Moosgummiball in einer Zoofachhandlung. Der ist nicht viel teurer - aber ***hundgerecht***!

Weiches Spielzeug mit Quietschie drin

`Hä??? Spinnen die jetzt?´ denkst du und blätterst rasch zurück zu „Richtiges Spielzeug“. Richtig! Da steht: „Weiches Spielzeug mit Quietschie drin“. Was soll denn das? Ganz einfach: Diese Spielzeuge sind nur etwas für das kontrollierte Spiel!

Überlässt du deinem jungen Hund ein solches Spielzeug, wenn du ihn allein lässt, kann er es leicht zerbeißen, aufreißen, ausweiden und die Quietsche kurzerhand verschlucken!

Das gilt natürlich für alle Spielzeuge, die sich zerbeißen lassen. Deswegen achte beim Kauf auf unzerstörbare Materialien.

Gefahr für deinen Hund!

Für Welpen lauern in einem normalen Haushalt ungeheuer viele Gefahren. Hier sind nur einige davon:

Backofen

Wenn es drinnen nach einem leckeren Auflauf oder Kuchen duftet, will die Hundenase unbedingt Näheres erschnuppern. Erwachsene Hunde sind dabei zumeist so vorsichtig, dass sie die erhöhte Temperatur bemerken und sich nicht zu weit vorwagen. Ein Welpe kann sich aber leicht die Schnute verbrennen.

Kerzen

Oh, was flackert denn da so schön? Vorsicht! Nicht nur die Hundenase, sondern auch der Teppich oder gar die Vorhänge sind dann in Gefahr.

Nadeln/Reißzwecken/Murmeln

Kleine Hunde heben alles auf, was auf dem Boden herumliegt. Ich habe mich schon so manches Mal gefragt, aus welcher verborgenen Ecke denn nun DAS schon wieder angeschleppt wurde. Handelt es sich dabei zum Beispiel um eine Reißzwecke, kann das Verschlucken schlimme Folgen haben.

Klebstofftuben/Batterien

Auch wenn´s eklig riecht: Alles wird ausprobiert! Kann man das gar zerbeißen? Wunderbar! - Achtung! Es gibt viele Stoffe in unserem Alltag, die für Hunde hochgradig giftig sind!

falsch

falsch

Autos
Geh niemals mit deinem Hund ohne Leine im Straßenverkehr - auch ein Hund der wunderbar bei „Fuß“ gehen kann, entdeckt vielleicht auf der anderen Straßenseite einen guten Kumpel und will zu ihm. Eine einzige Sekunde Unachtsamkeit von Frauchen oder Herrchen hat solch einen Hund dann das Leben gekostet.

Einkaufen
Auch wenn du deinen Hund vor einem Laden anbindest, kann das für ihn zum Verhängnis werden. Unterschätze niemals Tierdiebe! Jährlich werden hunderte von Tieren von der Straße, aus Autos, Zwingern oder Gärten gestohlen. Entweder landen sie bei Tierschieberorganisationen, die mit Rassehunden und gefälschten Papieren Geschäfte machen oder aber - kaum auszumalen! - dein vierbeiniger Freund wird an ein Tierversuchslabor verkauft und muss dort nach vielen Foltern einen schlimmen Tod erleiden. Damit du in Ruhe einen Einkaufsbummel machen kannst, lernt dein Hund, auch mal allein zu Hause zu bleiben.

Du siehst: Deinem Hund kann sogar in der eigenen Wohnung eine Menge passieren. Werd doch einfach mal zum tierischen Detektiv! Begib dich auf die Knie und untersuch Raum für Raum nach möglichen Gefahren. Wetten, dass du dabei von deinem wedelnden Freund begeistert begleitet wirst?!

Tierarzt

Wenn dein Hund sich bei dir eingelebt hat, dann steht der erste Besuch beim Tierarzt an. Wieso denn? Er ist doch gar nicht krank? Nun, ein Welpe muss meist noch einmal geimpft werden. Und außerdem empfiehlt es sich immer, den Kleinen mal durchchecken zu lassen.

Wunderbar für ihn, wenn er bei seinem ersten Tierarztbesuch nicht großartig malträtiert wird, sondern auch noch Leckerchen zugesteckt bekommt. So kann er den Tierarzt und die Tierarzthelferinnen in aller Ruhe kennen lernen.

Auch ein gesunder Hund braucht den Tierarzt!

Hier ist die ultimative Tierarzt-Checkliste:

* Kontrolle von Herz, Zähnen und Pfoten.
* Impfungen (Impfpass nicht vergessen!) sind absolut notwendig gegen:
Tollwut, Staupe, infektiöse Leberentzündung, Leptospirose, Parvovirose und Parainfluenza (Zwingerhusten). Keine Bange, diese Namen musst du dir nicht merken. Jeder Tierarzt weiß, woraus so eine wichtige Impfung besteht.
* Auch gegen die von Zecken übertragbare Krankheit Borreliose kannst du deinen Hund impfen lassen.
* Schutz vor Flöhen und Zecken. Meist kannst du hier ein Mittel kaufen, das zuverlässig schützt.
* Wurmkur. Im ersten Lebensjahr alle drei Monate. Später kannst du eine Kotprobe zur Praxis bringen und sie auf Parasiten untersuchen lassen. Wird kein Befall festgestellt, musst du deinen Hund nicht mit dieser Chemiebombe „Wurmkur“ belasten.

Lieber Grobi,
heute hat Simone mich verschleppt! Ich kann´s nicht anders nennen. Es war furchtbar! Als wir losgingen, war Simone schrecklich nervös. Immer hat sie sich zu mir runtergebeugt und mir den Kopf gestreichelt. Als würde jetzt was Grässliches auf mich warten. Und so war es auch! Wir kamen in diese komische Wohnung zu den anderen Tieren: da waren Hunde und ein paar Katzen in ihren Transport-

boxen. Sogar ein Papagei in einem goldenen Käfig saß da. Viele Menschen unterhielten sich - nur Simone saß still da und war ganz blass um die Nase. Da wusste ich gleich: Jetzt kommt was Schlimmes! Und dann war da auch noch mein Banknachbar: dieser Dackel zitterte wie Espenlaub und roch unheimlich nach ANGST. Mir wurde mächtig mulmig! Dann wurden Simone und ich aufgerufen. Simone ging vor und ich wollte plötzlich nicht mehr mit. Ich glaub, das war ihr peinlich. Kannst du dir vorstellen, dass MEINE Simone mich an der Leine über den Boden gezogen hat?! Das war ein Schock, sag ich dir! In dem schrecklichen Raum, in dem ich dann plötzlich war, wurde es noch schlimmer. Die Menschen trugen weiße Kittel und rochen nach irre vielen Tieren. Der eine Mensch guckte mir ins Maul und drückte an meinem Bauch rum. Meinen Schwanz hat er auch hoch gehoben... Und dann wurde ich plötzlich gepackt und eisern festgehalten. Ich konnte nicht mal meine Schnauze aufmachen und... ZACK! gab es einen ekligen Piekser in den Nacken! Das hat gebrannt. Und alle haben auch noch gelacht, als ich mich laut beschwert habe. Also, Grobi, ehrlich, da geh ich nie mehr hin!
Deine entrüstete Jule

Liebe Jule,
tut mir wirklich Leid für dich, diese schreckliche Tierarzterfahrung. Bei mir war es ganz anders. Klar war ich ein bisschen beunruhigt. Du hast Recht, es riecht wirklich nach Angst in diesem Raum. Die Menschen nennen ihn Wartezimmer. Komischer Name. Möchte nur mal wissen, worauf sie da warten. Na ja, ich habe bei dem Geruch auch gleich irgendwie an das Tierheim gedacht. Andere an meiner Stelle hätten bestimmt das kalte Grausen bekommen, aber meine Mutter hat immer schon über mich gesagt: „Der hat dicke Nerven."
Hatte ich auch, weil nämlich, du wirst es kaum glauben, weil es nämlich in diesem Wartezimmer noch nach was anderem roch. Ganz deutlich. Wie in meiner Futtertruhe zuhause. Irgendwann waren wir endlich an der Reihe. Alle haben mich gestreichelt und fanden mich toll. Ich hatte gar keine richtige Zeit, mich darum zu kümmern, weil der Geruch nach diesem leckeren Zeug ganz deutlich in meine Nase stieg. Leckerchen vom feinsten. Hinten haben sie mich mit irgendwas gepiekst, aber vorne, Jule, himmlisch, diese bröseligen Hundekekse wollten mir auf der Zunge zergehen. Damit das nicht geschieht, habe ich sie einfach schnell runtergeschluckt. Es gab ja reichlich Nachschub. Also, ich fand das gar nicht so schlimm, obwohl mir in diesem Wartezimmer ein älterer, sehr vornehmer Setter erzählt hat, dass wohl kaum

ein Hund wirklich gerne zum Arzt geht. Ich glaube, da unterscheiden sich die Menschen und die Hunde nicht sehr voneinander. Aber ich war schon froh, dass meine Leute so ruhig geblieben sind. Solange sie ruhig sind, denke ich immer, muss ich selbst auch keinen Grund zur Sorge haben. Na, wie auch immer….
Für heute grüßt und schleckt dir dein Ohr.
Dein Grobi

Wie du siehst, trägst du eine Menge dazu bei, welche Einstellung dein Hund zum Tierarzt gewinnt. Simone hat ihre Nervosität auf Jule übertragen. Statt sich normal zu verhalten, hat sie sie mit ständigem „beruhigendem“ Gemurmel (dass jeder Hund, der einigermaßen beieinander ist, sowieso sofort durchschaut!) in Aufregung versetzt. Und statt sie im Behandlungszimmer mit Leckerchen abzulenken, wurde Jule in den Schwitzkasten genommen.
Grobi ging es da ganz anders. Und siehe da: Er findet den „Onkel Doktor“ gar nicht so übel.

Wann dein Hund außerhalb dieser Routine zum Tierarzt muss:

Erbrechen
ist nur harmlos, wenn es sich um das „Futterbrechen“ wie im Kapitel „Iiiiih! Warum macht er das?“ handelt. Erbricht sich dein Hund mehrmals, ist schlapp, hat gar eine heiße Nase, taumeligen Gang, fehlenden Appetit: Rasch zum Tierarzt! Vielleicht hat er eine Vergiftung!

Husten/Schnupfen
wird leicht unterschätzt und kann auch chronisch werden, wenn es nicht behandelt wird. Dauert eine solche Erkrankung länger als ein paar Tage an, ist ein Tierarztbesuch fällig.

Übermäßiges Trinken
deutet oft auf eine Erkrankung hin. Beobachte deinen Hund genau. Wie verhält er sich? Am besten lässt du beim Tierarzt eine Blutuntersuchung und einen Urintest durchführen.

Tagelang keinen Appetit/Länger als zwei Tage lang Durchfall
kann auf eine Viruserkrankung oder Magen-Darm-Probleme hinweisen. Dein Tierarzt weiß, was zu tun ist. Bring aber am besten eine Kotprobe mit in die Praxis.

Sonderbehandlungen:
Kastration
nennt man die Operation, bei der einer Hündin die Eierstöcke (meist gemeinsam mit der Gebärmutter) und einem Rüden die Hoden entfernt werden. Es handelt sich hierbei um einen Eingriff (beim Rüden unkomplizierter als bei Hündinnen), zu dem eine Vollnarkose notwendig ist. Durch die Kastration wird eine Hündin nicht mehr läufig und sie beugt den gefürchteten Gesäugetumoren vor. Ein Rüde wird durch den Verlust seiner wichtigsten Hormonfabrik, den Hoden, meist umgänglicher, weniger aggressiv und weniger stark interessiert an Hündinnen. Sprich mit deinem Tierarzt, ob eine Kastration bei deinem Hund empfehlenswert oder gar notwendig ist. Er wird dir alles dazu erklären.

Ist deine Familie ein „Rudel"?

Der Hund ist da! Jippy! Und alle werden sagen: „Jetzt habt ihr ja ein neues Familienmitglied!" Und du kannst antworten: „Nein. Ab jetzt sind wir ein Rudel!" - denn genauso sieht es dein Hund.
Eine Menschenfamilie funktioniert nach ganz anderen Regeln als ein Hunderudel.
Menschen gehen demokratisch miteinander um: Eltern treffen gemeinsam Entscheidungen. Geschwister werden gleichberechtigt behandelt. Jeder von euch hat seinen eigenen Besitz (Bücher, Computer, CDs u.s.w.), sein eigenes Bett und das Recht, jederzeit an den Schnuckelschrank zu gehen. In einem Hunderudel ist das vollkommen anders!
Dort gibt es einen Rudelführer (das kann ein Rüde, aber auch die ranghöchste Hündin sein) und dem folgen in einer strengen Rangordnung die anderen Rudelmitglieder - bis hin zu dem, der am untersten Ende steht. Nur der Rudelführer trifft die Entscheidungen, zum Beispiel wann und was gejagt wird. Er wird von den anderen mit Respekt behandelt, als Erster begrüßt und ihm gehört selbstverständlich der alte Knochen ebenso wie der beste Liegeplatz. Kurz gesagt: Demokratie gibt es bei Hunden nicht!
Deshalb solltest du deine Familie und Freunde nun mit neuen, hundischen Augen sehen.
Dein Hund merkt genau, wer bei euch das Sagen hat. Er wird deine Eltern vermutlich als das ranghöchste Pärchen akzeptieren, denn er spürt, dass auch du dich an ihnen orientierst und das wird er auch tun. Du jedoch erziehst ihn, bringst ihm tolle Übungen bei und gibst ihm sein Futter (natürlich ***nach*** den Familienmahlzeiten). Deswegen bist du seine Chefin oder sein Chef! (Mädchen und Jungen, Frauen und Männer eignen sich übrigens gleich gut zu super RudelführerInnen!)
Hast du kleinere Geschwister, bist du dafür verantwortlich, dass dein Hund auch sie als ranghöher akzeptiert!
Es versteht sich von selbst, dass du deinen Hund niemals dazu benutzen würdest, ihn gegen einen nervigen kleinen Bruder einzusetzen! Das hätte nur zur Folge, dass deine Eltern den Hund (mit Recht!) wieder abschaffen würden, weil es zu gefährlich wäre.
Ganz im Gegenteil liegt es in deiner Verantwortung, dich mit deinen kleineren Geschwistern hin und wieder gegen deinen Hund zu verbünden. Dass ein Hund ein kleines Kind anknurrt, kommt überhaupt gar nicht in die Tüte! Greif sofort ein! Das ist nämlich nicht lustig, sondern der Beginn eines ernsten Problems. Vom Knurren ist es bis zu einem ersten Biss nur noch eine Frage der Zeit.
Selbst wenn es sich nur um einen Keks oder einen Bauklotz handelt, den dein Hund deinem Geschwisterchen abnehmen will: Mach dem Vierbeiner sofort deutlich, dass du das niemals dulden wirst!
Bedenke gut: Nur wenn für deinen Hund ganz eindeutig ist, dass er am ***untersten Ende der Rangordnung*** steht, kann er ein friedvolles und zufriedenes Mitglied eures Familien-Rudels sein!

Hund ist in!

Liebe Jule,

bei mir zu Hause gibt es ganz schön konsequente Spielregeln. In meinem Rudel zum Beispiel ist es absolut unüblich, das Katzenklo auszuräumen. Menschen haben eben absolut keine Ahnung von echten Leckereien. Ich darf auch nicht auf den Tisch springen und alle sagen ständig, dass meine Erziehung wirklich zu wünschen läßt. Alle, Alle dürfen ständig sagen, was ich zu tun und zu lassen habe.

Also erst kommen die großen Menschen, dann die kleinen, dann die Katzen und ganz zum Schluß ich.

Aber warte nur, bis ich in die Pubertät komme, dann werde ich es denen mal so richtig zeigen.

Dein baldiger Boss im Ring

Grobi, der Große

Wissen, ohne das es nicht geht!

Lieber aufmüpfiger Grobi

weiß nicht, was du hast. Ich finde diese Rangordnung gut. Wenn ich Simones Chefin wäre... dann müßte *Ich* ja die ganze Beute ranschleppen. Und ich müßte entscheiden, wann wir spielen oder üben oder schlafen oder spazierengehen... nein, viel zu stressig! Ich muss mich auf meine Ausbildung konzentrieren. Da hab ich für Chefallüren keine Zeit.

Ich muss jetzt los zur Trainingsstunde!

eilige Grüße deine Jule

So denkt dein Hund!

In diesem Kapitel möchten wir auf einige weit verbreitete Irrglauben eingehen: Es gibt Leute, die behaupten, mit ihrem Hund ganz und gar gleichberechtigt zu leben.

Dafür gibt es nur zwei Erklärungen:
Erstens: Die Leute lügen.
Zweitens: Die Leute haben noch nicht gemerkt, dass ihr Hund der Chef ist.

Ein Hund kennt nämlich keine Gleichberechtigung. Er sucht sich einen starken Führer, dem er folgen kann. So hat er es gern. Wenn er aber das Gefühl bekommt, dass er dir gleichberechtigt sein darf, dann dauert es nicht mehr lange bis er versucht, im „Rudel“ über dir zu stehen. Das verlangt sein natürlicher Trieb. Aber wohl fühlt er sich damit nicht. Er hat es viel lieber, wenn ganz sicher feststeht, dass du in jeder Situation der Chef bist - denn dann muss er sich um nichts kümmern und braucht nur ans Spielen, Fressen und Schlafen zu denken. Chef zu sein, bedeutet nämlich viel Verantwortung und oft Stress. Und den überlässt dein Hund gerne dir - vorausgesetzt, du zeigst ihm, dass du ein echt guter Rudelführer bist!

Das bedeutet: ***Nur du entscheidest, du bestimmst und er reagiert auf deine Vorschläge***.

Ein weiterer Irrglaube besteht darin, dass überraschend viele Leute behaupten, ihr Hund habe ein schlechtes Gewissen, wenn er etwas angestellt hat. Zum Beispiel hat er in ihrer Abwesenheit etwas zerstört oder einen Bach in die Küche gesetzt. Nun kommen sie nach Hause und entdecken das Missgeschick. Die Reaktion ist: Wut! Und selbst wenn ein Hundebesitzer noch so gut weiß, dass ein Vierbeiner nicht ***nach*** getaner Tat ausgeschimpft werden darf... seine Körpersprache und sein Geruch verraten so einiges. Der Hund bekommt die Missstimmung sofort mit und reagiert, seiner rangniedrigen Rolle entsprechend, mit Beschwichtigung. Er nähert sich seinem Menschen mit eingekniffenem Schwanz, hängenden Ohren und scheinbar verlegenem Grinsen. Dabei handelt es sich aber nicht um schlechtes Gewissen, sondern um den Versuch den menschlichen Zorn bloß nicht über seinem Haupt entladen zu lassen.

Vermenschliche niemals das Verhalten deines Hundes. Wenn er mal etwas tut, das dir seltsam vorkommt oder durch und durch menschlich, dann denk nach. Stell dir ein Hunderudel vor und wie die Hunde dort miteinander umgehen. Sicher wirst du eine hündische Erklärung für sein Tun finden!

So spricht dein Hund!

Dies ist ein sehr wichtiges Kapitel. Denn da der Hund nicht unsere Sprache sprechen kann, müssen wir lernen, seine zu verstehen. Und das ist die Voraussetzung für ein problemloses, fröhliches Miteinander.
Dein Hund hat im Grunde vier Möglichkeiten, mit dir und anderen zu kommunizieren. Er kann eindeutig sagen, dass er Angst hat oder gleich angreifen wird, dass er in Spiellaune ist oder sich krank fühlt. Du musst nur lernen, seine Sprache zu verstehen.

Mimik

Das Verständigungsmittel, das Menschen beim Hund am besten verstehen, ist die Mimik. Du schaust ja schließlich auch deinen Freunden ins Gesicht und versuchst, darin zu lesen. Ist dein Gegenüber traurig, wütend oder fröhlich? Freut er sich, dich zu sehen oder möchte er dir lieber ausweichen? Das alles kannst du in seinem Gesicht lesen.
Dein Hund benutzt sein Gesicht ganz genau-

so. Er reißt das Maul auf und „lacht“, wenn er in Spiellaune ist.

Er verengt die Augen und schaut düster, wenn er misstrauisch ist.

Er bleckt die Zähne, wenn er aggressiv ist.

Auch die Ohren spielen in dieser Mimik eine wichtige Rolle. Bei Jule ist das nicht einfach zu erkennen, denn ein Cockerspaniel kann die langen Schlappohren nun mal nicht nach oben klappen. Am besten ist die Sprachäußerung durch die Ohren bei Hunden zu sehen, die natürliche Stehohren haben, zum Beispiel ein Schäferhund oder Spitz. Ist der Hund aufmerksam, sind die Ohren nach vorn gedreht (Nr. 1). Ist er aggressiv, legen sie sich streng nach hinten (Nr. 2). Möchte er beschwichtigen, werden sie nach unten geklappt (Nr. 3).
Grobi zeigt es uns:

1

2

3

Lautäußerungen

Hunde, die bellen, beißen nicht? Naja, so ganz kannst du dich darauf nicht verlassen. Doch eine Spur Wahrheit steckt doch darin. Hunde bellen aus Erregung. Es gibt viele verschiedene Arten des Bellens. Vom begeisterten Spielbellen (Aufforderung zum Herumsausen) bis hin zum Furcht einflößenden Knurrbellen gibt es viele Varianten. Meist hat lautes Bellen etwas damit zu tun, dass der Hund aufmerksam machen will. Er ruft sein Rudel zur Unterstützung heran. Ein bellender Hund ist also in der Regel nicht besonders selbstbewusst, sondern eher unsicher. Ein Angriff daher unwahrscheinlich - aber nicht unmöglich!
Mischt sich in das Bellen ein tiefes Knurren, ist das schon eine andere Geschichte. Dunkles Knurren ist eine ernst zu nehmende Drohung und beinhaltet die Bereitschaft zum Angriff. Vorsicht ist geboten! Vor einem tief knurrenden fremden Hund solltest du nicht weglaufen, denn er würde dir nachsetzen, weil er deine Schwäche erkennt. Auf ihn zuzugehen ist auch nicht ratsam. Wenn der Hundebesitzer weit und breit nicht zu sehen ist, ist es das beste, zur Seite zu schauen und den Hund schlicht zu ignorieren. Weicht er zurück, geh sehr langsam zur Seite weg.

Sollte dich dein eigner Hund jemals ernsthaft anknurren, ist in der Erziehung etwas falsch gelaufen. Er betrachtet sich als mindestens von gleichem Rang wie du. Überprüfe, ob du alle Kriterien des Super-Chefs erfüllst: Du darfst aufs Sofa, dein Hund aber nicht. Du darfst ihm alle Spielsachen und auch Futter wieder fortnehmen. Du gehst als Erster durch Türen. Du bestimmst die Abläufe eurer Spaziergänge. Du lässt deinen Hund hin und wieder links liegen, ohne dass er dich nervend zum Spielen oder Ähnlichem auffordert. Alle Aktivitäten gehen von dir aus.
Solltest du bei all diesen Fragen genickt haben und trotzdem das Problem des ernsthaften Anknurrens haben, hol dir so schnell es geht Hilfe bei einer guten Hundeschule oder einem Tierpsychologen!

Doch Knurren ist nicht immer gefährlich. Es gibt ja auch das Spielknurren, das ein Hund gern zum Beispiel beim Zerrspiel anwendet. Das ist lustig gemeint und nicht ernst zu nehmen. Wenn du im Spiel zurückknurrst, findet dein Hund das super!
Dominant veranlagte Hunde sollten allerdings nicht zu Zerrspielen (Beute-Streit-Spielen) aufgefordert werden. Für sie sind Ballwerfen, Apportieren oder Suchspiele besser geeignet.
Viele Hunde mögen es auch, wenn ihre Menschen mit ihnen heulen. Denn das Heulen, ein Überbleibsel aus längst vergangenen Wolfstagen, dient der Verständigung über eine große Distanz. `Hier bin ich. Wo bist du?´ sagt es in etwa. Und gemeinsam zu heulen ist eine ungeheuer verbindende Aktion. Allerdings können nicht alle Hunde etwas damit anfangen. Probier es einfach mal aus.

Körperhaltung

ist auch beim Menschen ein wichtiges Verständigungsmittel, aber die wenigsten achten bewusst darauf. Du kannst es einfach bei dir selbst beobachten: Bist du fröhlich und gut gelaunt, sieht dir das jeder an. Du lässt deine Arme locker hängen, machst große federnde Schritte und gehst aufrecht. Stellt sich dir aber plötzlich ein unangenehmer Zeitgenosse in den Weg, verschränkst du vielleicht die Arme als eine Art Schutz. Möglicherweise straffst du die Schultern, um größer und bedrohlicher zu wirken. Gibt es mal von einem Lehrer oder dem Chef eine Standpauke, dann sinken deine Schultern runter und du ziehst vielleicht sogar schuldbewusst den Kopf ein. Dein Hund verhält sich ganz genauso.
Er läuft locker und entspannt, wenn er mit dir spazieren geht. Nun kommt aber plötzlich ein

viel größerer Hund um die Ecke. Vielleicht duckt dein Hund sich, kneift den Schwanz ein und versucht somit den Fremden gleich zu beschwichtigen: `Tu mir nichts, denn sieh mal: Ich bin ziemlich mickrig und würde dich niemals angreifen!´ Vielleicht ist der große Hund aber auch ein erklärter Feind deines Hundes. Dann richten sich beide Hunde hoch auf, umschreiten sich mit steifen Beinen vorsichtig und halten die Rute hoch in die Luft. Manchmal zittert der Schwanz vor lauter Anspannung sogar. Meist bleibt es bei diesem steifbeinigen Umkreisen. Doch manchmal endet solch ein Kräftemessen in einem kleinen Schau-Kampf. Da einzugreifen empfiehlt sich nicht. Dein eigener Hund würde sich durch deine Unterstützung viel zu stark fühlen und der fremde würde sich als doppelt bedroht empfinden. Kämpfen zwei gleich starke Hunde einen solchen Schau-Kampf miteinander, sollten sie es nach Möglichkeit miteinander austragen können. (Es sei denn, du hast zufällig eine Wasserpistole oder einen Gartenschlauch dabei und kannst die Rangen damit gefahrlos auseinander treiben.)

In der Regel wirkt es durch das tiefe bedrohliche Knurren und die hoch aufgerichteten Rückenhaare viel gefährlicher als es ist. Eins versteht sich wohl von selbst: Stürzt sich ein großer Hund auf einen wesentlich kleineren, sollte der Besitzer des großen nicht unbedingt abwarten, bis der Kleine zu Hackmus verarbeitet ist.

Fell

Ja, auch das Fell eines Hundes kann sprechen. Und zwar in erster Linie auf seinem Rücken. Gerät dein Hund in eine Gefahrensituation, richten sich dort die Haare auf und wirken wie eine Bürste oder ein Irokesenhaarschnitt.

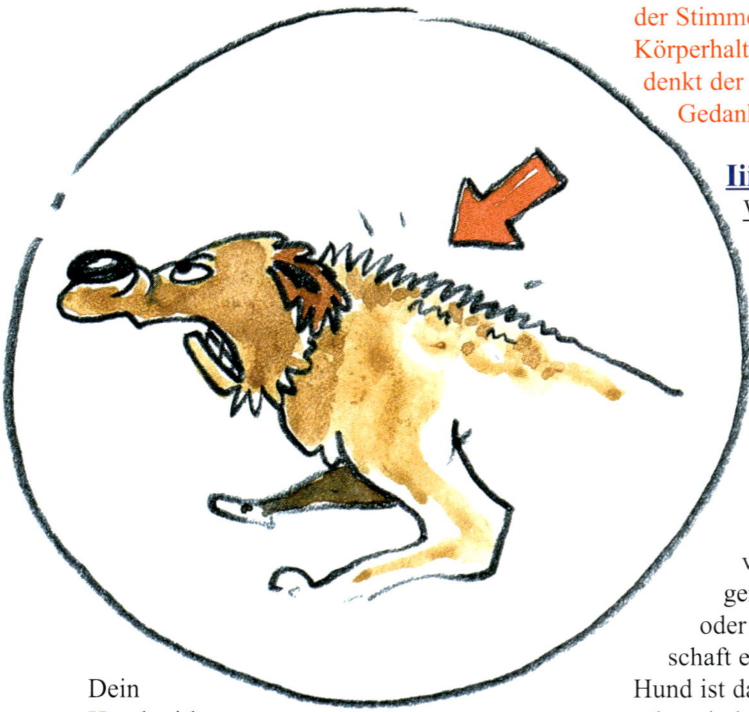

Dein Hund wirkt dadurch größer und hat eher eine Chance, den Gegner allein durch sein Äußeres einzuschüchtern. Ein Kampf wird vermieden. Dass die „Bürste" auf dem Rücken jedoch nicht bewusst vom Hund gesteuert wird, sondern ganz instinktiv abläuft, macht Folgendes deutlich: Ich kenne etliche Hunde, die vor lauter Aufregung bei einer Hundebegegnung ***stets*** eine Bürste auf dem Rücken herumtragen, ohne auch nur eine Spur aggressiv zu sein. In diesem Fall zeigt es ihre (durchaus auch positive) Aufregung und vielleicht auch ein wenig ihre Unsicherheit und den Wunsch, „doch wenigstens ein bisschen größer zu wirken".

Nun hast du dir vor Augen (und Ohren) geführt, wie dein Hund zu dir und zu seinen Artgenossen spricht. Und deswegen wirst du jetzt auch erklären können, wieso manche Menschen behaupten, ihr Hund würde „jedes Wort" verstehen. Dieser scheinbar superschlaue Hund benutzt nämlich einfach seine natürlichen Sinne: er achtet auf den Tonfall der Stimme, auf die Mimik und die Körperhaltung des Menschen. Und schon denkt der einfältige Mensch, sein Hund kann Gedanken lesen.

Iiiiih! Warum macht er das?

Wälzen in Kot und Aas

Was dem einen Parfüm ist, ist dem anderen Gestank - so ist es tatsächlich bei Mensch und Hund. Unsere Hunde mit ihren feinen Nasen empfinden unsere chemisch hergestellten Parfüme als Unerträglichkeit. Sie niesen und rümpfen wortwörtlich die Nase. Wir dagegen mögen es überhaupt nicht, wenn unsere vierbeinigen Hausgenossen sich genüsslich auf einem toten Maulwurf oder in der bräunlichen Hinterlassenschaft eines Igels wälzen. Für deinen Hund ist das völlig normal. Die Hundeforscher sind sich nicht ganz einig, wozu dieses Wälzen eigentlich dient. Wahrscheinlich stammt diese „Unart" noch aus der Zeit, in der unsere Hunde Wölfe waren. Wälzen die sich nämlich in solch übel riechendem Matsch, ist ihr eigener Raubtiergeruch überdeckt und sie können sich einfacher an ihre Beute heranschleichen. Tatsache ist: Dein Hund empfindet den „Gestank" als wohlriechend.

Wie wäre es mit einem Kompromiss? Etwas weniger Haarspray oder Rasierwasser und etwas weniger „tierisches" Parfüm!

Da Kot und Aas auch nicht gerade hygienische Ansprüche erfüllen (hüstl), versuch, deinen Hund mit einem klaren „Nein!“ an seinem Vorhaben zu hindern.

Pferdeäpfel fressen
Genauso sieht es da mit den Pferdeäpfeln aus. Manche Hunde stehen geradezu auf diesen „Leckerbissen“ und finden es eine Schande, wenn man sie davon abhalten möchte, einen kleinen Happs davon zu kosten. (Wir Menschen wissen einfach nicht, was gut ist!)
Nun sagst du: Mein Hund bekommt doch bestes Futter. Und diesem Fertigfutter fehlt nichts, was er braucht. Recht hast du! Aber du kennst doch auch diesen gewissen Heißhunger auf Chips oder Schokolade. Vielleicht gibt es bei Hunden auch eine Art „Appetit“ auf etwas Besonderes. Versuch es mal mit stinkigem Käse (zum Beispiel Harzer Rolle) als Zwischenmahlzeit. Meist nehmen die Hunde so etwas gern als Ersatz.

Erbrechen und wieder auffressen
Ha! Ich kann ja förmlich vor mir sehen, wie du jetzt angeekelt das Gesicht verziehst. Ja, manchmal fällt es wirklich nicht leicht, seinen Freund Hund zu verstehen. Doch wie immer hilft der Blick zu seinen Vorfahren, den Wölfen. Wenn Wölfe Beute machen, schlingen sie gleich den Großteil hinunter und lassen sich beim Kauen nun wirklich keine Zeit. Schließlich sind noch andere Rudelmitglieder da, die sich auch den Bauch vollschlagen wollen. Danach ziehen sie sich oft in einen stillen Winkel zurück, erbrechen die Mahlzeit und fressen es dann sozusagen „in aller Ruhe“ noch einmal. Ebenso erbrechen die erwachsenen Tiere für ihren heranwachsenden Nachwuchs, der noch nicht mit auf die Jagd darf. Für uns ist das geradezu widerwärtig. Doch es liegt in der Natur des Hundes. Wenn dein Hund also einmal derartige Anstalten macht, schimpf nicht mit ihm. Du musst es dir ja nicht unbedingt anschauen.
Krank ist ein solcher Hund jedenfalls nicht.

Anspringen und durchs Gesicht lecken
Gehen Wölfe für eine Weile mal getrennte Wege und begegnen sich dann wieder, belecken sie sich gegenseitig die Gesichter und Schnauzen. Es ist ihre Art der liebevollen Begrüßung. Genau das möchte dein Hund auch bei dir tun. Allerdings hat er es nicht leicht dabei, denn du bist ein Mensch auf zwei Beinen und er... nun, ja, als Mittel-Schnauzer oder Terrier reicht er dir mal gerade bis ans Knie. Also versucht er natürlich, an dir heraufzuspringen, um dich gebührend begrüßen zu können.
Schimpfst du ihn deswegen aus, wäre das furchtbar. In etwa so, als würdest du jemandem, der dir freundlich die Hand zum Gruß reicht, rasch in den Magen boxen. Eine ganz hinterhältige Nummer also.
Du kannst deinem Hund das Anspringen abgewöhnen, indem du ihn ganz einfach ignorierst. Wie das? Ganz einfach: Du kommst zur Tür herein, Hund will anspringen, du drehst dich um neunzig Grad herum und bleibst mit den Rücken zu ihm stehen. Du sprichst nicht, reagierst gar nicht auf deinen Hund, Hund ratlos, Hund setzt sich verwirrt, JETZT drehst du dich wieder zu ihm, beugst dich ein wenig zu ihm herunter, lobst und streichelst ihn ausgiebig. Er soll lernen: `Wenn ich wild herumhüpfe und anspringe, werde ich links liegen gelassen. Setze ich mich aber brav hin, werde ich gestreichelt und gebührend begrüßt!´

Übrigens spricht nichts dagegen, sich von einem gesunden und regelmäßig entwurmten Hund (siehe Kapitel „Tierarzt“) hin und wieder herzhaft durchs Gesicht schlecken zu lassen. Wenn du aber nicht so darauf stehst, dann halt ihm dein Ohr oder deine Hände hin. Irgendwie sollte er dir seine Untergebenen-Liebe zeigen dürfen.

Hund ist in!

Halt auch deine Familienmitglieder zu einer konsequenten Haltung an! Nicht immer hat man die Hände frei und möchte den wilden Hund auf den Knien begrüßen. Es darf aber auf keinen Fall so sein, dass dein Hund mit dem Springen einmal Erfolg hat (Streicheln!) und das nächste Mal ausgeschimpft wird. Jeder aus deiner Familie muss sich an das Prinzip von Ignorieren und Belohnen zur richtigen Zeit halten!

Gassi

Ich mache hier einen Unterschied zwischen Gassi und Spaziergang, damit klar ist, dass dein Hund mehr braucht als seine drei Runden täglich um den Block. Bei diesen Gassi-Gängen kann er seine Geschäfte verrichten und an den Bäumen schnuppern, wer dort aktuelle Nachrichten hinterlassen hat. Ein Gassi-Gang ist zum Beispiel mit dem Gang zum Bäcker am Samstagmorgen zu verbinden (Achtung! Nur den Hund vor dem Laden anbinden, wenn du ihn durch die Scheibe weiterhin sehen kannst!) oder auf dem Weg zur Post zu erledigen.
Für Gassi und Spaziergänge gilt gleicher-

maßen: Niemals direkt nach dem Füttern! Es gibt eine gefürchtete Krankheit, die „Magendrehung“ genannt wird. Das kann einem Hund passieren, der mit vollem Magen zu viel Bewegung bekommt. Ohne sofortige tierärztliche Behandlung endet eine Magendrehung tödlich. Nach den Mahlzeiten sollte jeder Hund ruhen. Je größer der Hund desto länger die Ruhephase.

Spaziergänge

Klar bist du unheimlich heiß darauf, mit deinem Hund sofort einen langen Spaziergang zu machen. Wenn du einen erwachsenen Hund hast, spricht auch gar nichts dagegen. Du solltest ihn allerdings die ersten Wochen nicht von der Leine lassen - bis er recht sicher diverse Hörzeichen an der Leine (zum Beispiel „Sitz“ und „Platz“) oder in der Wohnung („Hier!“ üben!) beherrscht. Er muss ja auch erst begreifen, dass du jetzt die Chefin oder der Chef bist und dass er immer zu dir zurückkehren muss.
Hast du einen Welpen bekommen, musst du dich mit den ausgedehnten Spaziergängen noch eine ganze Weile gedulden. Die Knochen von jungen Hunden sind noch weich, die Gelenke sehr empfindlich. Durch die Dauerbelastung beim ständigen Traben wird der Welpe überfordert. Vorsicht! Es kann zu Gelenkschäden kommen. Wir empfehlen dir, in den ersten Wochen (etwa bis er vier Monate alt ist) den täglichen Spaziergang immer ein Stückchen auszudehnen. In der ersten Woche nur zehn Minuten, in der zweiten schon ein bisschen mehr. Ein etwa halbjähriger Hund sollte nicht viel länger als eine halbe Stunde stramm spazieren gehen. Wenn du mal länger unterwegs sein möchtest, leg doch einfach nach einer halben Stunde eine längere Pause für die müden kleinen Pfoten ein.
Übrigens: Gegen eine Spielrunde auf der Parkwiese ist überhaupt nichts einzuwenden. Es ist eben der Dauertrab, der den Hundekörper belastet.

Folgetrieb

nennt man den magischen Trieb, der richtig geprägte Welpen geradezu panisch überfällt, wenn sich ihr Rudel von ihnen entfernt. Eine Mutterhündin achtet nämlich nicht unbedingt darauf, dass ihre Kindchen ihr auch brav folgen. Mit fünf oder sieben Welpen hätte sie da ja alle Pfoten voll zu tun. So hat die Natur den Kleinen den unüberwindbaren Drang mitgegeben, ja nicht den Anschluss an die eigenen Leute zu verlieren.
Wenn du nun also mit deinem acht Wochen alten Knirps weit von Straßen und anderen Gefahren spazieren gehst, dann leine ihn nicht an! Er wird dir sicher nicht davonlaufen, sondern sich brav an deine Fersen heften.
In diesem Alter ist es immer besser, vom Hund weg zu streben als zu ihm hin. Wenn du wegläufst, animiert das den Kleinen, dir zu folgen und vielleicht wird ein lustiges Fangenspiel draus, bei dem er dich einzuholen versucht („Braaav gemacht! Feiner Hund!“). Läufst du aber auf ihn zu, dreht der Wicht den Spieß womöglich rum und rennt vor dir davon - und auf den Geschmack soll er erst gar nicht kommen!
Ein Hund, dessen Folgetrieb im Welpenalter nicht ausgenutzt wird, weil er immer an der Leine geführt wird, hat es später mit dem Zurückkommen schwer.
Natürlich kommt es vor, dass der Welpe etwas Interessantes ausmacht. Ein anderer Hund oder ein „gefährlicher Busch“ - schließlich will alles untersucht oder begrüßt werden. Lass ihn nur! Versuch nicht, ihn zu dir zu rufen! Er würde jetzt sowieso nicht folgen - ***aber*** er würde lernen: `Ich muss mich nicht nach Frauchen/Herrchen umschauen. Ich höre ja die ganze Zeit, dass ich den Anschluss noch nicht verloren habe!´
Statt also den Kleinen vergeblich und immer ärgerlicher zu rufen, warte einfach still ab. Nach einer Runde Spiel oder intensiven Beschnupperns eines interessanten Grasbüschels wird er sich daran erinnern, dass er doch mit dir unterwegs ist. Und überhaupt: `Wo bist du denn, Chef?´
Dann kommt er ganz von allein zu dir. Und wenn er jetzt sowieso gerade auf dem Weg ist, ist es der richtige Zeitpunkt, in die Hocke zu gehen und ihn mit „Maxi, hier! Hier!“ noch mehr anzuspornen. Bald verbindet er dann dein Rufen mit seinem Kommen und wird sich nach ein paar Wochen magisch davon angezogen fühlen.
Willst du mal nicht so lange warten, geh einfach zu deinem Kameraden, heb ihn kommentarlos auf und trag ihn von der Quelle seiner Ablenkung fort.
Schimpf nicht mit ihm! Bei dir zu sein sollte für ihn das Tollste und Schönste überhaupt

Wissen, ohne das es nicht geht!

sein! Besser als alles, was sonst auf einem Spaziergang daherkommt. Und Schimpfen gehört dort nicht hin!
Ist dein Welpe ein bisschen älter, lässt sein Folgetrieb langsam nach. Jetzt musst du aufpassen! Bleibt er beim Spaziergang schnuppernd zurück?
Du springst rasch hinter den nächsten Baum, Busch oder in einen Graben und machst keinen Mucks. (Natürlich nur, wenn sich in der Nähe keine Gefahr in Form einer Straße oder freilaufender Tiger befindet. Gut, wenn du ihn heimlich beobachten kannst!)
Wenn der Kleine entdeckt, dass er allein auf weiter Flur steht, wird er es mit der Angst zu tun bekommen und hektisch nach dir suchen. Findet er dich, wird er überschwenglich gelobt und bekommt ein Leckerchen. Er lernt: `Egal wie interessant es sonstwo ist, nirgends ist es so toll wie beim Boss!´
Läuft er beim Spaziergang zu eifrig voraus? Du drehst dich auf dem Absatz herum und gehst rasch einfach den Weg zurück. Oder du versteckst dich. Und wieder ist der Kleine verwirrt.
Bei beiden Aktionen lernt er: `Wenn ***ich*** nicht aufpasse, wohin meine Leute verschwinden, dann verliere ich sie. Denn sie achten gar nicht auf mich und rufen auch nicht nach mir, um mich aufmerksam zu machen! Also muss ***ich*** trotz aller toller Spuren ***immer ein Auge auf sie haben***!´

Ganz einfach, oder?

Hast du trotz deinen Versteckspielen immer noch das Gefühl, dass er nicht recht auf dich achtet, kommt rasch die lange Leine ins Spiel (siehe Kapitel „DAS muss ins Haus, bevor der Hund kommt!“).
Lege deinen Junghund an die lange Leine und geh mit ihm spazieren. Prescht er voraus? Du hältst die Schlaufe der langen Leine fest in der Hand und gehst kommentarlos in die andere Richtung. Nach fünf oder zehn Metern kommt der Wildfang am Ende der Leine an und wird von dir in die andere Richtung gezogen. Verunsichert wird er dir folgen. Dadurch lernt er, dass du einen sehr sehr langen Arm hast und er gar nicht einfach fortlaufen kann.

Treppensteigen

Es gibt verschiedene Hunderassen, die sich generell nicht zum Treppensteigen eignen. Ihre Rückenlinie ist so lang gezüchtet, dass ihre Wirbelsäule vom Beugen und Krümmen - vor allem beim häufigen ***Hinab***steigen einer Treppe - Schaden nehmen wird. Zu diesen Rassen können alle Dackel, aber auch der Basset Hound und verschiedene andere gezählt werden. Sie eignen sich nicht für eine Etagenwohnung ohne Lift.
Junge Hunde anderer Rassen dürfen auch nicht regelmäßig Treppen laufen, weil ihre Knochen und Gelenke noch zu weich sind und sich leicht verformen. Das kann im Erwachsenenalter zu Schmerzen führen.
Grundsätzlich gilt: ein junger Hund ist bis zum Alter von einem halben Jahr die Treppe zur Wohnung hinauf und ganz besonders ***hinunter*** zu tragen! Ein weiterer Grund, um keine allzu große Rasse auszuwählen. Denn selbst bei einem halbjährigen Cockerspaniel können einem schon mal die Arme lang und länger werden, wenn mehrere Treppen zu bewältigen sind.

Welpenschutz??

Schon so mancher frisch gebackene und stolze Hundebesitzer hat durch folgende Situation einen gewaltigen Schock erlitten: Er spaziert lustig mit seinem zehn Wochen alten Boxermädchen durch den Park und trifft auf einen anderen Spaziergänger, der einen erwachsenen Hund an der Leine hält.
„Mein Hund hat ja auf jeden Fall Welpenschutz!“ denkt der erste und lässt seinen jungen Hund bedenkenlos zum erwachsenen hinlaufen. Doch dann... nach kurzem Beschnuppern stürzt sich der erwachsene Hund mit Furcht einflößendem Geknurre und Zähnefletschen auf das hilflose Baby. Der fremde Besitzer reißt seinen Hund entsetzt

zurück. Der Welpe schreit, als würde ihm bei lebendigem Leibe das Fell abgezogen.
So viel zum Welpenschutz!
Selbstverständlich genießt der erst wenige Wochen alte Nachwuchs absolute Narrenfreiheit bei allen erwachsenen Tieren ***seines Rudels.*** Sie sind eine „Familie“ und würden nie im Leben ihren Kindern, Enkeln, Neffen oder Nichten etwas antun!
Anders sieht es jedoch aus, wenn es sich um fremde Welpen aus einem anderen Rudel handelt. Im Grunde sind die ja der Nachwuchs der „Konkurrenz“. Rüden sind in solch einer Situation meist trotzdem nett zu den fremden Zwergen. Schließlich können sie nicht wirklich sicher sein, ob diese „Kinder einer fremden Hündin“ nicht doch etwa auch ihre eigenen Töchter und Söhne sind. (Rüden sind etwas „vergesslich“, was ihre verliebten Abenteuer angeht...) Doch erwachsene, instinktsichere Hündinnen wissen selbstverständlich genau, dass dies nicht ihr Welpe und somit eine Konkurrenz für den eigenen (vielleicht demnächst zu erwartenden?) Nachwuchs ist. Sie können mitunter zu fremden Hundebabies recht grob werden.
Noch schlimmer sind halbwüchsige Hunde, die gerade dabei sind, an allem und jedem ihre Kräfte auszuprobieren. Sie können in ihrem Draufgängertum einen wenige Wochen alten Welpen ernsthaft verletzten.

Wenn du mit deinem Wichtchen unterwegs bist und Leuten mit erwachsenen Hunden begegnest, frag am besten auf Abstand, ob das Tier Welpen gegenüber verträglich ist. Sind die Besitzer nicht sicher, dann vermeide den Kontakt der Tiere - auch wenn dein kleiner Fips noch so sehr an der Leine zerrt, weil er den großen Hund begrüßen will! Denk immer daran, dass ***ein einziges*** schlimmes Erlebnis mit einem erwachsenen Tier deinen Welpen so erschüttern kann, dass er seine Angst nur schwer zu überwinden lernt!

Das Hundelern-QUIZ - Erster Teil

Wetten, dass du nach dem ersten Teil des Buches schon eine ganze Menge über deinen zukünftigen Hausgenossen gelernt hast?
Wie wäre es mit einem kleinen Quiz, bei dem du testen kannst, wie viel du behalten hast?
Los geht´s:

1. 5 Dinge, die deinen Hund in seinem neuen Heim erwarten sollten!
2. Was bedeutet das Stichwort „Sozialisation“?
3. Wie heißt der größte Hund der Welt?
4. Eine gefährliche Krankheit, gegen die dein Hund auf jeden Fall geimpft werden muss!
5. Drei Kriterien, an denen du eine gute Züchterin erkennst!
6. Welche Stellung sollte dein Hund in eurer Familienrangordnung einnehmen?
7. Was bedeutet das oft missverstandene „schlechte Gewissen“ eines Hundes in Wirklichkeit?
8. Durch welche vier Möglichkeiten kann sich dein Hund mit dir verständigen?
9. Bis zu welchem Alter solltest du deinen Hund die Treppe hinauf und hinunter tragen?
10. Wie nennt man den angeborenen Instinkt eines Welpen, beim Spaziergang nicht den Anschluss an die eigenen Leute zu verlieren?

Zweiter Teil: Jetzt kann´s losgehen: Die Erziehung!

Dein Hund lernt immer!

Manche Leute denken: „Ein Hund, der erzieht sich doch ganz von allein!“ - und sie haben nicht mal Unrecht. Denn so ein Hund ist schlau und schaut, wie er seine eigenen Vorstellungen von einem tollen Leben umsetzen kann. Wenn du dich nicht um seine Erziehung kümmerst, dann tut er es selbst - aber bestimmt nicht so wie du dir das gedacht hast!

Ihr seid ein TEAM!

Im Hundesport und auch in den Hundeschulen nennt man einen Hund und seinen Ausbilder/Besitzer: ein ***Team***! Das Wort kennen wir aus anderen Zusammenhängen: ***Team***geist in der Fußballmannschaft, ***Team***arbeit in der Schul-AG, das Sport-***Team*** bei den Olympischen Spielen.
Immer geht es dabei darum, dass alle, die zu einem Team gehören im gleichen Maße an dem Erfolg (oder auch an dem Misserfolg) des gesamten Teams beteiligt sind.
Und genauso ist dieser Begriff auch für dich und deinen Hund zu verstehen.
Natürlich ist es für die meisten Menschen nicht schwierig, sich Erfolge als schmückende Federn an den eigenen Hut zu stecken: `Das hab ich ganz allein geschafft!´ Geht es aber um Misserfolg, sieht das schon ganz anders aus. Hör dich mal bei Hundebesitzern um, die unzufrieden mit ihrem Vierbeiner sind: in den meisten Fällen werden sie es so darstellen, als sei der Hund allein schuld daran, dass es nicht so recht klappt mit dem Gehorsam.
Das ist aber nur die halbe Wahrheit und manchmal sogar eine glatte Lüge. Denn ein Hund kann nur so viel ***lernen*** wie sein Besitzer ihm ***beibringt***.
Wir wollen hier nicht abstreiten, dass es hin und wieder besonders schwierige Exemplare gibt, bei denen selbst erfahrene Hundetrainer in Schweiß ausbrechen.
Doch meist liegt es am mangelnden Teamgeist des Menschen, wenn eine Übung nicht funktioniert.

Beispiel: Jule soll „Platz“ machen und liegen bleiben, obwohl Simone aus dem Raum geht. Doch Jule steht auf und folgt Simone. Entweder hat Jule das Hörzeichen „Platz und Bleib!“ noch nicht richtig verstanden. Oder Simone ist gleich beim ersten Mal viel zu lange weggeblieben. Statt nach einigen ***wenigen Sekunden*** schon wieder hereinzukommen und Jule über den grünen Klee zu loben, bleibt sie eine halbe Minute weg. Das verunsichert Jule und so steht sie auf.

Wenn mal eine Übung so überhaupt gar nicht klappen will, dann beende die Trainingsstunde mit einer anderen Übung, die dein Hund sicher kann (zum Beispiel „Sitz!“). Lob ihn dafür sehr, damit er nicht frustriert über die vorangegangenen vergeblichen Versuche ist. Geh nach Hause und schau in deine Hundebücher, denk genau darüber nach: Wo könnte dein Hund dich missverstehen? Wann benutzt du vielleicht die falsche Bewegung, ein irritierendes Sicht- oder Hörzeichen? Kommt dein Hörzeichen nicht zur richtigen Zeit? Denk immer daran: Nur in den seltensten Fällen verweigert ein Hund aus purem Trotz eine neue Übung! Es liegt an dir, wenn er nicht versteht, was er tun soll. Wenn er allerdings für diesen „Fehler“ ausgeschimpft wird, dann verbindet er diese Übung mit etwas Unangenehmen und dann kann es tatsächlich zu bewussten Verweigerungen kommen.

Viel loben, selten tadeln, niemals strafen!

Dieses „Viel, selten und niemals!“ sollte sich so mancher Hundebesitzer hinter die Ohren schreiben, denn bei ihm ist es anders herum: Wenn der Hund etwas richtig macht, dann betrachtet der Besitzer das als Selbstverständlichkeit. Loben kommt für ihn nicht infrage. Macht der Hund aber mal einen Fehler wird der Arme gleich getadelt, und das nicht zu knapp!
Für kleinere Dummheiten, die in den Augen des Hundes nicht mal Unrecht sind, wird gar hart gestraft. Sag mal: Wärest du als Hund eines solchen Menschen glücklich?

Hunde-Erziehung bedeutet nicht, unerwünschte Handlungen zu bestrafen! In allererster Linie bedeutet sie: Positive und erwünschte Verhaltensweisen zu belohnen!

Und nur mit viel Lob kommst du ans Ziel: Ein gut erzogener Hund, der dir bedingungslos vertraut und gerne Neues lernt!
Deshalb gilt für dich und deinen Hund: er wird stärker und viel öfter gelobt als getadelt. Einen Tadel erhält er nur, wenn er etwas tut, das wirklich verboten ist. Tadel dürfen nicht willkürlich, so ganz nach Laune, vergeben werden! Denn dann verlieren sie hundertprozentig ihre Wirkung.
Und du solltest nie beim Üben tadeln! Macht dein Hund eine Übung nicht richtig, erfolgt KEIN „Nein!“ - das würde ihn frustrieren. Er soll ja Spaß am Üben haben und der wird ihm ganz rasch vergehen, wenn er alle Nase lang ein „Nein!“ von dir hört. ***Ignorier*** einfach seinen Fehler und versuch es noch einmal. Macht er es dann richtig, lobst du ihn, dass ihm die Ohren wackeln und steckst ihm rasch ein Leckerchen ins Maul. `Tolle Übung! Wenn ich nur einmal kapiert habe, wie es geht, werde ich sooo doll belohnt!´ denkt dein Hund! Und so soll´s ja sein!
Er ist so scharf auf dein Lob und das Leckerchen, dass er sich anstrengen wird, die Übung demnächst sofort richtig zu machen.

Wir haben ganz bewusst das Wort „Tadel“ gewählt, um „Nein!“ oder auch den Schnauzengriff zu umschreiben. „Strafe“ wäre viel zu hart.
Strafen bedeutet meist Schreien. Und

Schreien ist in der Hundeerziehung ein Tabu! Der Rudelführer würde niemals einen Welpen anbrüllen (oder anbellen), um ihn zu erziehen. Schreien ist absolut hundertprozentig hundeuntypisch. Einen schreienden Menschen nimmt ein Hund daher irgendwann nicht mehr ernst. Anbrüllen kommt in der Hundesprache nicht vor. Und so lernt dein Hund höchstens, dass er sich vor dir in Acht nehmen sollte, denn du bist unberechenbar und sonderbar.
Ebenso fremd sind einem Hund Strafen wie Stubenarrest oder Futterentzug. Das würde ihn nur maßlos verwirren und eurem Problem nicht im geringsten zur Lösung verhelfen!

WICHTIG! WICHTIG! WICHTIG!
WICHTIG! WICHTIG! WICHTIG!
WICHTIG! WICHTIG! WICHTIG!
Sowohl das Lob als auch der Tadel müssen unmittelbar auf die Tat folgen!
Das Gehirn eines Hundes funktioniert anders als unseres. Er kann sich zwar daran ***erinnern***, was gestern oder vor fünf Minuten war. Doch wenn du ihn für das Bächlein tadelst, das er vor einer Minute gemacht hat oder ihn für das „Platz!“ lobst, das nun drei Minuten her ist, nein, das kann er nicht begreifen.
Dein Hund ***verbindet*** Lob oder Tadel nur mit der Tat, die **höchstens zwei Sekunden** vorüber ist.
Zähl mal langsam laut: „Eins - zwei“ - und wenn deine Reaktion jetzt noch nicht erfolgt ist, solltest du sie ganz sein lassen.
Hundeerziehung ist eine Sache von richtigem Timing! Der richtige Zeitpunkt muss es sein!

Richtig loben!

Loben ist toll! Loben macht Spaß! Loben freut deinen Hund und dich! Es stärkt sein Vertrauen und dein positives Gefühl für ihn, denn es sagt: Hund hat mal wieder etwas SUUUUPER RICHTIG gemacht! Diese Argumente allein reichen schon aus, um ein überzeugter Lober zu werden. Bedenkst du aber zusätzlich noch, dass dein Hund viel leichter lernt, wenn er viel gelobt wird, macht es doppelt Sinn!
Du hast drei Möglichkeiten, deinen Hund zu loben: mit deiner Stimme, mit Leckerchen oder mit einem anschließenden Spiel. Meistens wird die Stimme mit einer der beiden anderen Möglichkeiten kombiniert.

Loben mit der Stimme

Loben sind keine Grenzen gesetzt! Wenn dein Hund etwas richtig gemacht hat, kannst du zum Beispiel begeistert „FEIN!“ jubeln! Wichtig dabei ist, dass deine Stimme hoch und hell klingt, dass du deinem vierbeinigen Freund wirklich zeigst, wie sehr du dich über die gelungene Aufgabe freust. Und dabei kannst du ruhig gewaltig übertreiben - umso schöner für deinen Hund!
Gelingt eine Übung mal auf Anhieb nicht so gut, dann tadel deinen Hund nicht. Er hat vielleicht einfach nicht verstanden, was du von ihm möchtest. Ein „Nein!“ oder sogar ein kleiner Fluch würde ihn nur verunsichern. Ignoriere ganz einfach die falsche Ausführung, geh ein paar Schritte weiter und versuch es nochmal. Wenn dein Hund es dann endlich richtig macht, bekommt er ein ganz besonders dickes Lob!!!! Wetten, dass er sich diese Übung dann richtig gut merkt?!

In der modernen Hundeerziehung wird immer häufiger eine Methode angewandt, die man „Clicker-Training“ nennt. Sie wurde von Delphin-Trainerinnen entwickelt und auf Hunde übertragen. Der Hund wird auf das knackende Geräusch eines „Clickers“ konditioniert, das heißt: er verbindet etwas ganz tolles (super Leckerchen!) mit dem Clicken. Da viele Hundebesitzer dazu neigen, viel mit ihren Tieren zu sprechen, gewöhnen die Hunde sich an, die menschliche Stimme als „Hintergrundgefasel“ einfach auszublenden. Werden sie gelobt, kommt das stimm-

liche Lob also gar nicht so recht bei ihnen an. Der Clicker wird immer verstanden und heiß geliebt. Mit ihm ist Erziehung eine einzige Freude. Außerdem ist so die zeitgenaue Belohnung viel eher möglich, weil du nicht mit Leckerchen oder Ball herumhantieren musst.
Clicker-Training kannst du in einer Hundeschule lernen oder dich darüber durch Bücher schlau machen. (siehe Buchanhang „Zum Weiterlesen")

Loben mit Leckerchen

Dafür ist ja wohl jeder Hund zu haben! Und es ist sooo einfach! Zuerst rationierst du die tägliche Futtermenge: Soundso viel darf er heute haben. Dann nimmst du davon eine Handvoll fort und benutzt also sein normales Trockenfutter (mit Dosenfutter geht das natürlich nicht!) als Leckerchen zum Üben. So gehst du sicher, dass dein Hund trotz vieler Übungsstunden und Leckerchenbelohnung nicht zu dick wird.
Wenn du eine Übung beginnst, nimmst du ein Leckerchen in eine Hand. Die andere brauchst du für das Sichtzeichen. Sobald dein Hund die Übung ausgeführt hat, erhält er blitzschnell das Leckerchen.
Wenn du unter besonders schwierigen Bedingungen übst, zum Beispiel in einer Hundeschule mit viel Ablenkung durch andere Hunde, solltest du ausnahmsweise besonders attraktive Leckerchen benutzen. Es gibt viele Hunde-Naschereien im Handel. Aber auch Käse eignet sich gut dafür, denn er ist weich und der Hund braucht nicht zu kauen, sondern nur zu schlucken. Kekse, Chips, Salami, geräucherter Schinken und ähnliche stark gewürzte oder gezuckerte Schnuckereien gehören nicht in Fang und Magen deines Hundes!

Dein Hund ist nicht so verfressen wie die meisten anderen? Leckerchen reizen ihn nicht die Bohne? Na gut. Dann bekommt er eben ***keine*** Trockenfuttermahlzeit mehr in seinen Futternapf! Die Menge an Futter, die eigentlich in seinen Napf gehört, wandert in deine Jackentasche. Keine Frage, dass ein hungriger Hund unheimlich wild auf diese Leckerchen und eure Übungen sein wird!
Dieser Tipp ist nicht „gemein" oder „unfair"! Dein Hund hat als rangniedrigstes Rudelmitglied nicht das Recht darauf, täglich einen vollen Napf hingestellt zu bekommen. Er kann ruhig etwas für sein Futter tun. Du solltest allerdings unbedingt darauf achten, dass der kleine Schnöggel auch so viel Futter zu sich nimmt wie er braucht!

Loben mit Spiel

ist etwas für Fortgeschrittene. Das bedeutet, Spiel als Belohnung eignet sich erst für Hunde, die schon eine ganze Menge Begriffe können.
Wenn dein Hund also „Hier", „Sitz", „Platz" und „Fuß" recht gut beherrscht, dann kannst du es mal mit einem Spiel als Belohnung versuchen.
Der Trick dabei ist, dass der Hund das Gefühl bekommt, dass er im Grunde gar keine Arbeit macht, sondern spielt.
Du nimmst zum Beispiel einen Kong am Strick. Zeig deinem Hund das Spielzeug, lass ihn danach schnappen, versteck es in deiner Tasche und mach einen großen Aufstand darum: „Oh, oh, oh! Was hab ich hier denn Feines?!". Nur eins darfst du nicht: es ihm geben! So wird der spielsüchtige Kerl richtig wild auf das Spielzeug und möchte es unbedingt haben.
Doch jetzt verbirgst du es plötzlich in deiner Hand vor seinen Blicken und sagst zum Beispiel: „Fuß!"
Dein Hund fegt um dich herum in die Grundposition (siehe Kapitel „Fuß!") und setzt sich brav. Ihr geht los, er im „Fuß" und immer auf deine Hand schielend, die das Spielzeug hält. Nun ist es aber besonders

schön (und wird übrigens auf Prüfungen so verlangt), wenn dein Hund im „Fuß“ zu dir hoch schaut, direkt in dein Gesicht.
Dazu sagst du nun „Guck!“ (siehe Kapitel „Guck!“). Und nun ist es soweit: Sobald dein Hund den Blick hebt und er Augenkontakt zu dir aufnimmt, rufst du fröhlich „O.k.!“ und wirfst aus dem Handgelenk den Kong ein paar Meter vor euch. Dein Hund wird hinrasen und ihn mit Begeisterung aufheben. Du lobst ihn dabei über den grünen Klee, läufst zu ihm und nimmst das Kong-Seil. Ihr könnt nun ein herrliches Zerrspiel machen. Bis du ihm nach einer Weile mit sanftem „Aus!“ das Spielzeug wieder abnimmst und die Übung gleich wiederholst.
Klingt einfach? Ist es aber nicht! Einen Hund durch Spiel zu motivieren ist eine regelrechte Kunst. Allerdings ist dies auch die schönste Methode, um ihm etwas beizubringen, denn dann macht das Üben einfach nochmal so viel Spaß!

Loben durch Spiel kannst du auch in jeden Spaziergang einbauen! Bist du mit deinem Hund unterwegs, kannst du zwischendurch immer wieder mit dem Ball in der Hand ein paar Schritte „Fuß“ üben oder auch „Platz und Bleib!“. Hat dein Hund die Übung geschafft, wird er auch schon in der nächsten Sekunde mit einem davonflitzenden Ball belohnt, dem er begeistert nachjagen wird! Das ist eine hervorragende Möglichkeit, um deinen Hund beim Spaziergang auch ohne Leine an dich zu binden. Wenn er weiß, dass du immer mal wieder mit ihm übst und zur Belohnung den Ball wirfst, wird er sich nie weit von dir entfernen.

Nochmal zum Einschärfen: Ein Lob, das auch nur *<u>fünf</u>* Sekunden nach getaner Tat erfolgt, kommt *<u>zu spät</u>*! Es muss sofort erfolgen! Schon nach zwei Sekunden kann der Hund das Leckerchen oder dein „Fein gemacht!“ nicht mehr mit der von dir verlangten Übung verbinden.
Sei schnell!

Zu viel loben gibt es gar nicht? Durchaus! Wenn nämlich der Hund für die falschen Handlungen gelobt wird!
Ein Beispiel: Du streichst dir in der Küche ein Butterbrot. Dein Hund steht erwartungsvoll neben dir. Du räusperst dich (er soll ja nicht betteln) und er setzt sich. Weil das so nett ist, kriegt er ein Stückchen Schinkenwurst...Und schon ist eine Unsitte, nämlich das Anbetteln, geboren!
Ein anderes Beispiel: Auf der Straße begegnest du mit deinem Hund seinem Erzfeind, den er unbedingt anbellen will. Dir ist sein Gekläff peinlich, also legst du deine Hand einfach auf seinen Rücken und sprichst auf ihn ein: „Ruhig, mein Guter, scccht, sei braaav!“ - damit belohnst du deinen Hund fürs Bellen. Das richtige Verhalten wäre: Den Kopf deines Hundes möglichst ruhig zu dir herumziehen oder dich als Sichtschutz in den Weg stellen. Mit „Guck!“ aufmerksam machen und eine einfache Übung (zum Beispiel „Sitz!“) verlangen. Dafür wird er jetzt mit einem Leckerchen belohnt. Durch solch ein Angebot einer Alternativ-Handlung („Sitz!“) lenkst du deinen Hund ab und machst klar, dass du von seiner Bellaktion gar nichts, vom Sitz-Machen sehr viel hältst. Damit bist du immer der Stärkere.

Richtig tadeln!

Der Tadel gehört in der Hundeerziehung mit dazu. Denn natürlich soll dein Hund keine Topfblumen ausgraben oder Teppiche annagen, andere Tiere jagen oder Menschen anknurren. **Beim Training jedoch und in der Ausbildung, immer wenn dein Hund etwas lernen soll, hat der Tadel NICHTS zu suchen! Denn ein Tadel bedeutet Frustration. Und die solltest du beim Üben**

immer vermeiden, damit dein Hund auch gern mit dir trainiert.

Tadeln ist etwas, das gelernt sein will. Auf das rechte Maß kommt es an. Ein Tadel muss dem Grad des Vergehens angepasst sein - und zwar in den Augen des Hundes, nicht in deinen! Einen kleinen Welpen minutenlang auszuschimpfen, weil er ein Bächlein auf den neuen, teuren Teppich gesetzt hat, ist völliger Unsinn. Aber einen erwachsenen Hund nur mit „Das sollst du doch nicht, mein Kleiner!" zu tadeln, wenn er den Postboten gebissen hat, ist ebensolcher Quatsch.

Tadel durch Ignorieren
ist der einfachste und problemloseste Tadel - und gleichzeitig sehr effektiv! Nichts ist deinem Hund so zuwider wie links liegen gelassen zu werden, einfach Luft zu sein. Denn das macht den Zauber des Ignorier-Tadels aus: Du sprichst/schimpfst auf keinen Fall mit deinem Hund, guckst ihn auch nicht an. Stattdessen wendest du dich einfach ab und lässt ihn dumm stehen.
Ein Beispiel: Obwohl dein erwachsener Hund sonst gut auf das Hörzeichen „Hier!" reagiert, lässt er sich auf einer bestimmten Wiese ungern anleinen. Läufst du ihm nun nach, beginnt ein Fangenspiel. Wirfst du die Leine nach ihm, bekommt er Angst. Schimpfst du und regst dich schrecklich auf, wirst du auch nicht gerade attraktiver für den Frechdachs. Einziges Mittel: Umdrehen und weggehen. Kommentarlos! Ja, so kann ein Tadel aussehen! Und bitte: Wenn er dann heran kommt, erhält er ein dickes Lob! - egal, wie sauer du in Wirklichkeit bist. Denn dein Hund verbindet dein Lob mit seinem Herankommen, nicht mit seinem vorherigen Ungehorsam.
Auch beim Thema Anspringen haben wir das Ignorieren als Tadel erwähnt. Du kannst es vielseitig einsetzen. Erwachsene Wölfe strafen unerwünschtes Verhalten ihrer Kinder in mehr als fünfzig Prozent der Fälle durch Ignorieren. Und das funktioniert ganz hervorragend!

Tadeln mit der Stimme
hat bei den meisten Hunden eine gute Wirkung. Vorausgesetzt, sie sind nicht abgestumpft von dem vielen Geschreie, das sie inzwischen über sich ergehen lassen mussten! Die Stimme, die ein „Nein!" oder „Naaa!" brummt, wird gleichgesetzt mit dem Knurren eines ranghohen Hundes.
Bei meinen eigenen Hunden reicht stets ein ruhiges, aber bestimmtes „Nein!", um sie von einer Sache abzubringen, die sie lassen sollen. (siehe Kapitel „Nein!")
Du solltest dich für ein einziges Wort als Tadel entscheiden. Herum zu lamentieren macht wenig Eindruck. Ein klares „Knurren" in Form eines Schlüsselwortes allerdings enorm.

Tadeln mit den Händen
Richtig gelesen! Dein Hund bekommt sicher keine Angst vor dir oder deinen Händen, nur weil du mal ordentlich durchgreifst! Eine Hundemutter hat auch nichts anderes als ihren Fang, um einen Welpen zurechtzuweisen. Sie ist dabei allerdings sehr konsequent und handelt im richtigen Augenblick.
Deshalb würde ihr Kindchen niemals auf die Idee kommen, Mama sei etwas Schlechtes! Und da wir grade bei der Hundemutti sind, können wir uns auch mal anschauen, wie sie mit ihren Welpen umgeht. Schlägt eines ihrer Kleinen mal über die Stränge, reicht es meistens aus, wenn Mutters Schnauze kurz über den Fang des Kindchens fährt und es für einige Sekunden festhält oder gar (beim festen Schnauzengriff) zudrückt. Der Kleine macht deswegen ein riesen Gejammer. Aber schon nach wenigen Sekunden ist die Welt wieder in Ordnung. Er kommt aus dem Schmollwinkel und spielt mit seinen Geschwistern als sei nichts gewesen. Jedoch: Was Mutter gerade so strikt untersagt hat, das hat er sich gewiss gemerkt!
Du kannst es ihr ganz einfach nachmachen: Hat dein Welpe sich gerade mit geschärften Zähnen auf deine nackten Füße gestürzt und sie schmerzhaft attackiert, reicht es, wenn du

ihm von oben mit der Hand über den Nasenrücken greifst, einmal kurz zudrückst und ein bestimmtes, ruhiges „Nein!“ von dir gibst.
So lernt der freche Kerl gleich, was das Hörzeichen „Nein!“ bedeutet: ein unangenehmer Tadel! Und der Schnauzengriff ist ihm so widerwärtig, dass er sich einen Angriff auf nackte Füße demnächst dreimal überlegt...

Sollte er es wider Erwarten noch einmal wagen (vielleicht sogar mit gesteigerter Energie, denn diese nackten Dinger müssen doch unterzukriegen sein!), dann musst du deutlicher werden: Fass den Wicht im Nackenfell (Viel Fell greifen! Nicht nur zwischen zwei Fingern!), wirf ihn auf die Seite und drück ihn runter bis er sich geschlagen gibt. Bei besonders schweren Vergehen kannst du gleichzeitig den Schnauzengriff anwenden.
Lässt du ihn dann los und er kommt mit eingeklemmtem Schwänzchen zu dir gekrochen, dann darfst du ihm nicht länger böse sein! Er zeigt auf diese Art deutlich, dass er verstanden hat und versucht, deinen Zorn zu beschwichtigen! Ein guter Rudelführer nimmt diese „Entschuldigung“ ***ohne Zögern*** an und ist wieder gut mit dem Knirps.

VORSICHT! Dies ist die einzige Situation, in der du deinen Hund so grob ins Nackenfell fassen darfst. Er ist kein Kaninchen, das auf diese Weise hochgenommen werden kann! Willst du ihn einfach nur mal vom Boden aufheben, dann bitte mit beiden Händen: die eine unter der Brust, die andere unter dem Po!

Früher nahm man an, die beste Möglichkeit des Tadelns sei es, den Welpen im Nacken zu fassen und zu schütteln - denn das hatte man bei den Welpen untereinander im Spiel beobachtet. Doch inzwischen weiß man, dass im Rahmen der Erziehung der Nackenbiss nicht von den erwachsenen Tieren bei den Welpen angewandt wird. Er ist nämlich ein Teil des Beutemachens, den die Welpen spielerisch untereinander „üben“. Das Nackenschütteln ist also ***kein hundegerechter*** Tadel und sollte in der Erziehung nicht vorkommen.

Die Erziehung!

Anonymer Tadel

Bei den oben genannten Arten des Tadelns, weiß dein Hund sehr genau, dass du es bist, der ihm einen Verweis erteilt. Das ist eigentlich schade, denn so lernt er, dass du auch mal böse mit ihm sein kannst. Viel schöner wäre es doch, wenn er quasi aus heiterem Himmel bestraft würde und du seine Zufluchtstätte sein könntest!
Um das zu erreichen, gibt es den anonymen Tadel. Hierbei kannst du eine absolut reine Weste behalten. Und das geht so:
Natürlich würdest du deinen Hund nie vom Tisch füttern! Wenn du das tust, musst du dich nicht wundern, wenn dein Hund irgendwann der Meinung ist, dass du gar keinen so tollen Chef abgibst!
Da du aber weißt, wie wichtig eine konsequente Haltung ist, fällt niemals ein Brocken vom Tisch. Aber trotzdem... vielleicht boykottieren dich deine Geschwister? Vielleicht ist dein Hund einfach unheimlich hungrig? Nehmen wir also mal an, aus irgendeinem Grund bettelt dein Hund immer wieder bei Tisch. Auch wenn du ihm „Nein!" oder „Ab!" sagst, kann er es einfach nicht lassen, mit erhobener Nase um den Tisch zu wedeln oder aber eng an deinem Stuhl auf einen Happen zu warten.
Jetzt kannst du Folgendes tun: Halte eine leere Limodose bereit, die du mit einigen kleinen Steinchen gefüllt und oben mit Klebeband sicher verschlossen hast. Schaut dein Hund gerade mal nicht zu dir hoch, lässt du diese Dose einfach direkt hinter ihm auf den Boden fallen! `Wäh! Was war das denn?´ Ein entsetzter Sprung in die Luft, Schnuppern an der Dose, ratloser Blick zu dir. Und du? Du bist die Unschuld in Person! Keine Ahnung, woher dieses eklig klappernde Ding plötzlich kam. Du bist soooo unschuldig!
(Falls dein Hund dich die ganze Zeit fixiert, musst du jemanden bitten, dir bei dieser Erziehungsmaßnahme zu helfen. Dein Hund darf nicht sehen, woher die Dose kommt!)
Du zeigst deinem Hund seinen Platz, nämlich im Körbchen oder unter dem Tisch und sagst: „Leg dich" und lobst ihn sehr (in diesem Zusammenhang aber ausnahmsweise ohne Leckerchen bitte!), wenn er folgt.
Dieser „anonyme Tadel" hat den Vorteil, dass dein Hund dich nicht mit dieser unangenehmen Geschichte in Verbindung bringt. Im Gegenteil, du bist seine Zuflucht, Freundlichkeit und Liebenswürdigkeit in Person. Er hat sich durch seine Tat quasi „ganz von allein" getadelt.
Er lernt: `Wenn ich bettel, fällt immer diese schreckliche Dose runter und macht dieses furchtbare Geräusch. Aber wenn ich mich brav unter den Tisch lege, dann werde ich vom lieben Chef gelobt.´

Der Trick mit der Dose hilft in vielen Situationen. Auch wenn dein Hund dazu neigt, hin und wieder Sachen zu klauen, bietet sich diese Art des Tadels hervorragend an. Schnappt er sich - in deiner Abwesenheit! - zum Beispiel ein leckeres Leberwurstbrot vom Wohnzimmertisch... KRACH! Woher kommt bloß schon wieder diese Grauen erregende Klapper-Dose? (Die hast du nämlich vorher mit einem kurzen Bindfaden an den Köder gebunden!) So etwas funktioniert auch mit einem Pappbecher voller Wasser. Dabei solltest du aber bedenken, dass nicht nur dein Hund, sondern auch der Boden nass wird!

Ich kann es nicht oft genug betonen: Nur bis zu zwei Sekunden NACH der zu tadelnden Tat wird dein Hund ein „Nein!" oder den Schnauzengriff oder die klappernde Dose mit seinem Tun verbinden.

Verpasst du es, rechtzeitig zu reagieren, dann lass es ganz!

Noch ein letzter Tadel-Hinweis: Es gibt doch tatsächlich immer noch Leute, die denken, ein Stachelhalsband (Halsband aus mehreren Kettengliedern mit Stacheln, die beim Zuziehen in die Haut kneifen) oder ein Elektroschocker (Halsband, das per Fernbedienung elektrische Schläge aussendet) wäre eine einfache Möglichkeit, einen Hund zu erziehen. Zeig diesen Leuten die eiskalte Schulter! Damit wird nur erreicht, dass der Hund sich unwohl fühlt, Angst vor der Übung hat und geduckt wie ein geprügeltes Etwas neben seinem Herrchen herschleicht. Und du möchtest doch einen Begleiter, der fröhlich ist, freudig zu dir aufsieht und der dich liebt.

Hundeerziehung hat drei Säulen,
auf denen sie ruht:
Lob!
Geduld!
Konsequenz!

Stubenreinheit

Kannst du dir vorstellen, überall in der Wohnung sind volle Tongefäße verteilt und alle Nase lang schlägt eines davon leck und läuft rasend schnell aus? Genauso ist es, wenn du dir einen Welpen ins Haus holst. Die einzige Möglichkeit, der Lage Herr zu werden ist: AUFPASSEN!
Bis zum vierten Monat kann ein Welpe noch gar nicht stubenrein sein. Denn er hat keine großartige Kontrolle über seine Blase und Darm. Selbst wenn er weiß, dass er etwas Unerlaubtes tut: er ***könnte*** es gar nicht einhalten!
Die beste Möglichkeit, deinen Welpen zur Stubenreinheit zu erziehen, ist daher: Lass ***es*** erst gar nicht in der Wohnung passieren!
Ein Bächlein kommt nicht wie der Blitz aus heiterem Himmel. Mit ein bisschen Beobachtungsgeschick ist einem kleinen Hund durchaus anzumerken, wann er raus muss.
Hier die Checkliste für große und kleine Geschäfte:

* Dein Hund hat geschlafen und ist gerade aufgewacht? - Sofort mit ihm rausgehen!
* Dein Hund hat gerade gefressen? - Sofort mit ihm rausgehen!
* Dein Hund spielt und tobt?- Nach etwa fünf Minuten mit ihm rausgehen!
* Dein Hund schnüffelt interessiert an einer Stelle auf dem Boden, wo schon mal etwas verewigt wurde? - Nimm ihn rasch auf den Arm und nichts wie raus!
* Dein Hund dreht sich im Kreis? (Nicht im Körbchen!) - Sofort auf den Arm und raus!
* Dein Hund setzt sich in die Hocke? - Nimm ihn hoch und renn raus! (Nicht schimpfen, wenn er unterwegs etwas verliert! Denn das war jetzt allerhöchste Eisenbahn!)

Erreichst du rechtzeitig mit dem Knirps den rettenden Rasen, passiert - oh, wundersamer Weise! - oft erst einmal gar nichts. Zwar musste er in der Wohnung noch ganz dringend... Aber hier draußen hat er jetzt erstmal etwas anderes zu tun! Da gibt es so viel zu gucken, zu riechen, zu hören. Nein, er hat jetzt einfach „keine Zeit“, um deine Erwartungen zu erfüllen.
In so einer Situation zählt nur eins: Hab Geduld!!! Wenn du ein paar mal mit dem Welpen auf und ab gegangen bist, wird er sich gewiss an sein Vorhaben „erinnern“ und er erledigt seine Tat. Jetzt musst du ihn über alle Maßen loben! Wow! Suuuuper! Das ist ja faaaaiiiiiin, was er da macht! Ja, freu dich und mach einen großen Aufstand um das kleine Geschäft! Vielleicht hast du auch ein Leckerchen in der Tasche, das du ihm ***unmittelbar*** (siehe Kapitel „Richtig loben“) nach getaner Arbeit servierst? Schon bald werdet ihr beide stets mächtig stolz sein, wenn alles geklappt hat. Und das ist der beste Weg zur Stubenreinheit!

Grobi: He, sieh mal, Jule. Den habe ich geschrieben, als ich gerade eine Woche bei meinen Leuten war. Was steht da? Ich kann das selbst kaum noch lesen:

Die Erziehung!

Libbe Rubieh!
wills tu meihne Froindinn sein? Ich habe heute erst einmal Piipi auf den tebich gemackt, auss Aufrehgunk. Ick weis ja, das ich dafür nach drausen gehn sol, abe das ging nickt mehh.
Dein Grohbih

Jule: Wie lustig! Und schau mal, wie ich dir geantwortet habe:

Mein Grobilein,
was machse denn für Sachn? Aufn tebbich pinkln, das machen doch nur ganzganz kleine Babies! Denk dran: immer wennse drausen Pippi machs, gibt's danach nLeckerchen! Oh! Jetz mus ich ma! Tüss, deine Jule!

Grobi: Oder hier, lies den mal!

Liehbe Ruhbieh!
Ick hahbe hoite sibben Schue aufgegesen. Bei unz zu Hauhse haben sieh alle vill Gebrühl gemackt, ick glaube, sie hahben sick sehr gefroit. Vor Schbass sinn sie hochgesbrungen, Häte gah nich gedacht, das sie das köhnen. Ville Grühse. Dein Grohbie.

Liebster Groooooobiiiii! Hol mich hier raus! Simone hat mich schoooon widda alleingelassn! Ne, watte! Ich hör se glaub ich! Ja, sie kommt wieder rein! Jetz muss ich mich aber ganz doll froin! Deine verlassene Jule

Hey, Grobi, eh, ich hab heut SITZ gelernt. Ging ganz einfach. Jetz kannse nich mehr so angeben, vonwegen, du kannstes und ich nich. HEHE! Jule, die Sitzende

Liepe Rupi,
daführ kahn ick schon PLAZZ!
Tein Grobi

Aber auch wenn du noch so gut aufpasst: Manchmal passiert es eben doch! Ein Bächlein oder Häuflein landet da, wo es besser nicht landen sollte: in der Wohnung.
Jetzt gibt es nur zwei Möglichkeiten:
ERSTENS: Du erwischst deinen Welpen direkt auf frischer Tat. Das heißt: er sitzt gerade in der Hocke und pullert fröhlich auf den Teppich. Schrei ihn jetzt nicht an oder wirf gar einen Gegenstand nach ihm. Das würde ihn nur maßlos erschrecken. Der kleine Kerl ***weiß ja noch gar nicht***, dass du nicht möchtest, dass er sich in der Wohnung erleichtert. Das musst du ihm jetzt erst begreiflich machen. Und zwar so: Du gehst ***rasch und ohne ein Wort*** zu ihm, fasst ihn mit beiden Händen unter den Vorderachseln und hebst ihn ein Stückchen zu dir hoch. Jetzt berühren seine Hinterpfoten noch den Boden, doch er guckt dir ins Gesicht. Du schaust ihn an und sagst ein ***ruhiges aber bestimmtes „Nein!“.*** Dann hebst du ihn sicher mit beiden Händen hoch (auch wenn das beim Pullern etwas unangenehm ist), trägst ihn raus an seinen Ort und setzt ihn dort ab. Hier sagst du „Mach mal fein!“ und lobst ihn - auch wenn er nun nichts mehr in der Blase hat oder über deine Aktion verwirrt scheint.
Das alles muss recht ***rasch*** geschehen, damit er diese Situationen noch miteinander in Verbindung bringt!
Schon bald wird er begreifen: `Drinnen handele ich mir einen Tadel ein, draußen werde ich gelobt. Da lege ich doch alles dran, lieber draußen mein Geschäft zu erledigen. Denn Loben ist toll!´
ZWEITENS: Du entdeckst das Missgeschick erst, als dein Hund bereits fertig ist. Entweder er erhebt sich gerade wieder und läuft davon. Oder aber du bemerkst in einer Ecke eine noch nicht entdeckte Hinterlassenschaft. In beiden Fällen bleibt dir nichts anderes übrig als das Geschäftchen still und heimlich (möglichst unbemerkt vom Hund) zu beseitigen.
Vergiss nicht, die Stelle zu behandeln. Es darf nirgends in der Wohnung nach Hundepippi riechen - denn das regt den Kleinen an, genau dort wieder hinzupullern. Es gibt in Zoofachhandlungen ein Spezialmittel, das auf biologischer Basis völlig ungiftig mit Enzymen gegen Fleckenbildung und Gerüche arbeitet. Wenn du damit die Stelle einsprühst, bleibt dir anschließend nur noch: deinen Welpen besser im Auge zu behalten!
Es bringt überhaupt nichts, wenn du den Hund an die verunreinigte Stelle zurückträgst, ihm die Bescherung zeigst und ihn ausschimpfst! Der Hund versteht nicht, was du ihm damit sagen willst. Er wird Angst bekommen und dir nicht mehr vertrauen.
Oh, weh! Euer Nachbar erzählt, dass ein Hund nur dann stubenrein wird, wenn man ihn zur Strafe mit der Nase in sein eignes Bächlein taucht? Lach den Nachbarn aus!

Aber befolge bloß nicht diesen dummen Rat. Dein Hund könnte damit überhaupt nichts anfangen. Stubenrein wird er davon auf keinen Fall. Außerdem ist das Ganze ausgesprochen unhygienisch.

Sag jedes Mal, wenn dein Hund draußen an der richtigen Stelle sein großes oder kleines Geschäftchen verrichtet, ein bestimmtes Code-Wort. Das kann sein „Mach Pippi!" oder „Mach mal fein!" oder sonst etwas. Hauptsache es ***klingt freudig*** und wie ein dickes Lob. Nach ein paar Tagen verknüpft dein kleiner Freund diese Worte und deine Stimmlage mit seiner Tat. Und dann kannst du ihn demnächst wesentlich schneller dazu veranlassen, wenn du das „Zauberwort" sagst.

Falls jemand dir rät, deinen Welpen mit einer zusammengerollten Zeitung zu hauen, wenn ein Missgeschick passiert, solltest du Folgendes tun: Nimm eine Zeitung, roll sie zusammen und versetze demjenigen damit einen leichten Klapps aufs Hinterteil. Damit merkt er sich hoffentlich, dass er solchen Unsinn nicht rumerzählen sollte! Denn Zeitungen gehören niemals in unsere artgerechte Hundeerziehung!

STOPP!
Eine Ausnahme gilt bei der Erziehung zur Stubenreinheit: Welpen legen in ihrem Verhalten verschiedene Formen der ***aktiven Unterwürfigkeit*** an den Tag. Damit schützen sie sich aktiv vor einem Übergriff erwachsener Tiere. Kommt ein erwachsener Hund auf einen Welpen zu, so wirft sich der Kleine oft auf den Rücken und gibt ein paar Tropfen Urin ab. Ein einfacher, aber sehr wirkungsvoller Beschwichtigungsversuch des Hundebabies.
Nun kann es durchaus geschehen, dass du Besuch von einem Freund bekommst oder Geschäftsbesuch deiner Eltern kommt die Treppe herauf. Für deinen Welpen eine klare Situation: `Ein Erwachsener nähert sich mir! Jetzt aber rasch auf den Rücken und ein bisschen Pippi gemacht!´ - manchmal kriecht er auch nur über den Boden und verliert dabei etwas Urin.
Ihn jetzt zu tadeln ist eine echte Hundebesitzersünde! Der kleine Furzknoten will ja deutlich zeigen, dass er ganz brav, lieb und absolut ungefährlich ist. Wenn er dafür ausgschimpft wird, ist das mehr als ungerecht!
Übergeh einfach die kleine Pfütze ohne ein einziges Wort, wisch sie kommentarlos auf und vergiss nicht sie zu besprühen.
Zur Vorbeugung setzt du deinen Welpen einfach auf die Fliesen oder vor die Tür. Dann ist so ein bisschen Begrüßungspippi nicht tragisch.

Alleine bleiben

Allein zu Haus zu bleiben ist für deinen Hund nicht angenehm. Als Rudeltier will er immer bei dir sein. Ein Welpe bekommt sogar Todesangst, wird er zu früh und zu lange allein gelassen - denn in der freien Wildbahn wäre die Trennung von seinem Rudel für ihn der sichere Untergang.
Das behältst du am besten immer im Hinterkopf, wenn du deinem Hund beibringst, allein zu bleiben. Auch wenn er es nicht gern tut, sollte er es auf jeden Fall lernen. Denn wenn es einmal gar nicht anders geht, muss er es ja schließlich können.
Dein Welpe hat sich nach etwa zwei bis drei Wochen schon super bei euch eingelebt. Er kennt jetzt schon die Personen, die zu seinem neuen Rudel gehören und weiß, wie bei euch ein Tag abläuft. Er hat zu dir Vertrauen gefasst, denn du bist es ja, von dem er Futter bekommt, der mit ihm tolle Spiele spielt und mit ihm kleine Gassigänge unternimmt.
Das ist der richtige Zeitpunkt (nicht früher!

Und nicht wesentlich später!), um mit dem Üben anzufangen.
Am besten gehst du so vor:
Niemand ist daheim? Eltern und Geschwister ausgeflogen? Wunderbar! Du ziehst deine Schuhe und deine Ausgehjacke an, verabschiedest dich ***kurz und schmerzlos*** mit einem „Du bleibst zuhause. Bis später!“ von deinem Hund und gehst hinaus. Schließ die Tür hinter dir und lausch in die Wohnung. Ist dein Hund auch ***nach ein paar Sekunden*** noch still und brav? (Vielleicht einfach völlig verblüfft über dein Verschwinden?) Dann schließ die Tür ***sofort*** wieder auf, geh hinein, streichel ihn ***kurz*** und zieh deine Sachen wieder aus. Das war es für den ersten Tag.
Am nächsten Tag bleibst du ein paar Sekunden länger draußen, dann eine Minute oder zwei. Schließlich zehn Minuten.
Jetzt werden langsam vor deinem Verlassen der Wohnung gewisse Sicherheitsvorkehrungen notwendig: Untersuche genau alle Räume, zu denen dein Hund Zugang hat. Liegen dort Schuhe herum? Heftzwecken? Eine Handcremedose? Etwa gar Schokolade? Diese Dinge gehören alle hoch hinauf oder in einen Schrank, auf jeden Fall in unerreichbare Weiten! Außerdem empfehlen wir dir, von jetzt an die Zeit nicht mehr einfach zu steigern. Bleib mal fünfzehn Minuten fort, beim nächsten Mal wieder nur vier. Der zurückgelassene Vierbeiner sollte nicht den Eindruck bekommen, dass er jedes Mal länger allein bleiben muss.
Ich selbst habe bei diesen Übungen für meine Hunde schon viele Stunden lesend auf Treppenstufen im Hausflur zugebracht - denn selbstverständlich ist es wichtig, dass du mitbekommst, wie sich dein Welpe verhält. Heult er? Weint er laut? Kratzt er an der Tür? Hart bleiben! Auf keinen Fall hineinstürzen und ihn trösten! Denn daraus lernt er: `Herrchen kommt wieder, wenn ich meine zarte Stimme erhebe!´ und wird es demnächst auf jeden Fall wieder tun. Auch nicht hineinstürzen und ihn etwa ausschimpfen! Er versucht ja nur, dich herbeizurufen. Und wenn du dann auftauchst und ihn ausschimpfst, bringt er den Tadel nicht mit seinem Jaulen, sondern nur mit deinem Erscheinen in Verbindung. Er lernt dadurch: `Wenn Frauchen nach Hause kommt, gibt es Ärger!´ und bekommt Angst vor dir.
Nein, stattdessen bleibst du ganz cool, erklärst im Treppenhaus vorüberkommenden verwunderten Nachbarn leise flüsternd den Tatbestand und wartest genau so lange bis dein kleiner Freund für etwa fünf Sekunden still ist. Vielleicht versagt ihm nach all dem Geheule einfach die Stimme oder er hat sich zwischendurch mal ratlos gekratzt. Und prompt, wie durch Zauberhand, erscheinst du wieder auf der Bildfläche, streichelst ihn ***kurz*** und gehst in der Wohnung deiner Wege.
WICHTIG: Mach weder um dein Weggehen noch ums Heimkehren eine große Aktion. Lange Zeremonien zur Verabschiedung geben dem Hund das Gefühl der Unsicherheit. Es sollte für ihn eine ganz normale Geschichte des Alltags sein, dass du hin und wieder für eine kleine Weile ohne ihn ausgehst.
Er weiß ja: Du kommst auf jeden Fall zurück!

Gib deinem Hund beim Hinausgehen einen leckeren Büffelhautknochen, ein Stück getrocknetes Vollkornbrot oder sonst eine Nascherei, mit der er eine Weile beschäftigt ist. Wenn du Glück hast, ist er damit so sehr beschäftigt, dass er kaum bemerkt, wie du wieder herein kommst.

Ist dein kleiner Hund zwar still, zerstört aber beim Üben Haushaltsgegenstände, Schuhe, Möbel und Teppiche sobald er allein ist? Dann kommt der Klapp-

käfig zum Einsatz. Den haben wir schon im Kapitel „DAS muss ins Haus, bevor der Hund kommt" erwähnt und zwar als Schlafplatz. Wenn dein Hund an den Klappkäfig gewöhnt ist, wird es für ihn sogar recht angenehm sein, darin für die Dauer deiner Abwesenheit zu warten. Ein unzerstörbares Spielzeug oder ein Kaukno-chen sollte ihm diese Zeit versüßen. Besitzt du keinen Klappkäfig, kannst du etwas improvisieren mit einer Kiste mit hohem Rand, einem alten Laufstall oder einer Hundetransportbox. Denk aber daran, deinen Welpen auch immer mal wieder hineinzusetzen, wenn du bei ihm bist und währenddessen mit ihm spielen und reden kannst. Er darf seinen „Aufenthaltsraum" nicht nur mit seinem Alleinsein kombinieren - sonst lernt er ihn zu fürchten.
Hat dein Hund sich an diese Vorgehensweise problemlos gewöhnt, versuchst du es wieder mal ohne die Kiste.

Beherrscht dein Hund das Alleinbleiben ohne Klagen, darfst du das aber nicht ausnutzen und ihn täglich mehrere Stunden allein lassen. Das Maximum sollte hin und wieder bis zu vier Stunden für Kino oder Einkaufsbummel sein.

Leine ohne Ziehen

Ein Traum? Unsinn! Jeder Hund kann lernen, dass er nicht an der Leine ziehen darf. Und das sollte er auch. Denn nicht nur, dass es höchst unschön aussieht, wenn ein Mittelschnauzer mit geballter Ladung seiner Kraft sein junges Herrchen ins Gebüsch zerrt - es ist auch sehr unangenehm, ständige Muskelschmerzen in den Armen zu ertragen. Nur weil dein Hund der Meinung ist, er gehe lieber ***mit dir*** spazieren statt umgekehrt.
Zunächst solltest du dir klar machen, wieso die meisten Hunde an der Leine ziehen: Hunde sind Traber. Beim Durchstreifen ihres Reviers legen wilde Hunde täglich viele Kilometer zurück. Dazu müssen sie schon eine flottere Gangart wählen als ein gemächliches Schritttempo. Unsere normale Geh-geschwindigkeit muss ihnen daher unheimlich langsam vorkommen. Sie möchten uns in ihrem Elan gern dazu bringen, schneller zu laufen, am besten zu joggen. Doch das wäre für uns natürlich keine akzeptable Lösung. Also muss der Hund sich an uns anpassen - und zwar so schnell wie möglich!
Solange dein Hund noch klein ist, mag es ja ganz lustig sein, wenn er sich volle Wucht „ins Geschirr" legt und Dampf gibt. Aber wenn er erst einmal größer wird, ist das gar nicht mehr zum Lachen!
Deswegen musst du gleich vom ersten Tag an darauf achten, dass er sich das Ziehen an der Leine erst gar nicht angewöhnt. Gar nicht so einfach, denn so ein kleiner Welpe hat schon Schwierigkeiten genug damit, dass er überhaupt an so ein Lederding gefesselt ist. Es dauert jedoch nur kurze Zeit bis er die Leine als Verbindung zwischen ihm und dir akzeptiert. Und genau dann solltest du mit dem Üben beginnen. Wann und wie lange? IMMER! Immer wenn du rausgehst, musst du dich an die Regeln halten! Denn wenn dein Hund mal ziehen darf und mal wieder nicht, nein, das kann er nun wirklich nicht begreifen.
Es gibt zwei gute gewaltfreie Möglichkeiten, um ihm das anständige Gehen an der Leine beizubringen:

Stehenbleiben

Du bist mit deinem jungen Hund unterwegs. Er geht ein winziges Stückchen voraus. Das winzige Stückchen vergrößert sich und... schon beginnt er zu ziehen. ***In dem Augenblick, in dem sich die Leine strafft***, bleibst du ganz einfach stehen und tust rasch zwei Schritte rückwärts. Der so in die Rückwärtsrichtung Gekullerte blickt dich vielleicht verwundert an. Wichtig ist: ***Du musst die Leine sofort locker lassen, wenn er nicht mehr zieht!*** Erst recht natürlich, wenn er brav bei lockerer Leine läuft. Die Leine dann immer kürzer zu nehmen, ist nicht fair!

Strafft sich die Leine wieder, weil er voranprescht: Abrupt stehen bleiben, zwei rasche Schritte rückwärts! Leine schlaff? Gut! Weitergehen.
Dein Hund lernt: `Aha! Wenn ich an der Leine ziehe, dann komme ich nicht vom Fleck. Also achte ich lieber auf eine lockere Leine, denn dann kommen wir in gutem Tempo voran.´

Kehrtwende

Ganz ähnlich funktioniert die zweite Möglichkeit. Allerdings brauchst du dazu noch mehr Zeit. Es geht so: Gassigehen. Hund zieht, Leine strafft sich. ***In genau diesem Augenblick*** drehst du dich auf den Hacken herum und gehst schnurstracks den Weg zurück. Dein Hund wird hinterhergezogen, ob er will oder nicht. `Gut!´ mag er denken, `dann eben in die andere Richtung.´ Und schon läuft er eilig an dir vorbei, um sich zur anderen Seite ebenso in die Leine zu hängen. DOCH schon wieder ein Richtungswechsel! Ja, ist das denn die Möglichkeit? Was ist denn in Frauchen gefahren?
Nach ein paar Malen hat er aber kapiert: `Wenn ich ziehe, geht es sofort ab in die andere Richtung! Und dieses Hin und Her macht keinen Spaß. Besser ich achte auf Frauchen und gehe manierlich neben ihr!´

Auch bei der Leinenführigkeit können wir die positive Bestärkung der erwünschten Verhaltensweisen empfehlen. Geht dein Hund brav neben dir, lob ihn mit deinem Code-Wort (zum Beispiel „Fein!"), gib ihm hin und wieder ein Leckerchen. Will er unbedingt an einer bestimmten Hausecke schnüffeln und zerrt dich deswegen über den Gehweg, mach eine Kehrtwende und lass nicht zu, dass er schnüffelt. Hat er sich beruhigt und geht manierlich, gehst du mit ihm ruhig zu eben dieser Stelle und „erlaubst" ihm das Schnüffeln. Daraus lernt er, dass er mit dem Ziehen nichts erreicht, beim braven Gehen jedoch auch seine „Wünsche" erfüllt bekommt.

Nennst du einen hübschen Hund aus dem Tierheim dein eigen, der bereits erwachsen ist und sich stets mächtig ins Halsband legt? Die oben beschriebenen Erziehungsversuche fruchten auch nach Wochen einfach nicht? Das liegt meist daran, dass der Hund zu agil oder nervös ist und sich an der Leine nicht recht auf dich konzentrieren kann. Es gibt eine Möglichkeit, das zu ändern: „Halti!" Das ist eine Art Kopfgeschirr aus Nylon, das du deinem Hund vor dem Spaziergang überziehst und an dem du die Leine befestigst. Dazu benötigst du eine Leine mit zwei Karabinerhaken, die im Handel häufig zu finden sind. Der kleine Haken kommt ans Halti, der große ans Halsband. Zum Training brauchst du beide Hände. Denn immer, wenn dein Hund sich in die Leine/das Halsband legen will, ziehst du mit der anderen Hand durch das Kopfhalfter seinen Kopf ***sanft*** zu dir herum (nicht rucken!). Somit wird die Aufmerksamkeit deines Hundes auf dich gelenkt. Das ist das Prinzip, nach dem es funktioniert.
„Halti" kann auch bei aggressiven Hunden angewandt werden, die an keinem Artgenossen still vorbeigehen können. Denn so wird ihre Konzentration vom anderen Hund auf den Besitzer gelenkt.
„Halti" hat nur einen Haken: Es ist - obwohl überall im Fachhandel problemlos zu erstehen - nicht so einfach zu handhaben! Viele Leute benutzen es einfach als einen Haltegriff, an dem sie den Kopf ihres Hundes immer dann herumreißen, wann es ihnen gerade passt. Aber so wird es nicht funktionieren.
Daher möchten wir dir dringend raten, das „Halti"-Training in einer Hundeschule zu lernen. Die „Halti"-erfahrenen TrainerInnen können dir in wenigen Stunden viele wertvolle Tipps geben und so aus einem mächtigen „Dampflok-Hund" einen angenehmen Geher machen.

Den Einsatz von „Halti“ im Alleingang zu versuchen geht oft schief und somit ist die letzte Möglichkeit, das nervige Ziehen in den Griff zu bekommen vergeben.

Leine muss sein!

Und wo wir gerade schon bei der Leine sind... Beim Üben gilt ein strenges Gebot: Zuerst alle Hörzeichen mit Leine üben!
Auch wenn es ohne Leine lustiger ist: verschieb diesen Teil besser aufs anschließende Spielen! Für das Üben ist die Leine absolut notwendig! Am besten eignet sich dazu eine etwas längere, sehr leichte Leine, die das Tier kaum spürt. (Du kannst auch eine Wäscheleine mit angeknotetem Karabinerhaken verwenden.) Dein Hund darf niemals das Gefühl bekommen, dass er sich jederzeit aus der Übung davondrücken kann oder die Chance hat, einfach wegzurennen. Hat er erst einmal begriffen, was du von ihm willst und dass er für die Befolgung des Hörzeichens sehr gelobt wird, wird er nicht mehr daran denken fortzulaufen. Du kannst dann die Leine weglassen.
Leg sie aber wieder an, wenn du ein neues Hörzeichen zu üben beginnst.
Läuft dein nicht angeleinter Hund doch einmal aus einer Übung einfach fort, dann geh rasch und kommentarlos in die andere Richtung davon. Dein Hund wird dir folgen, da du ja auf seine Spielaufforderung zum lustigen Fangenspiel nicht eingehst. Leg ihn - ohne zu schimpfen, denn er folgt dir ja und das ist etwas sehr Positives! - an die Leine und stell dich mit einem Fuß auf das andere Leinenende.
Nun versuchst du die Übung noch einmal. Sollte der Witzbold wieder einen Ausbüchsversuch machen, wird er rasch am Ende der Leine ankommen. Du kannst ihn wieder zu dir heranlocken (Nicht heranzerren! Er sollte aus freien Stücken kommen! Nimm notfalls ein Leckerchen, das er naschen darf, wenn er bei dir ankommt.) und es noch einmal mit der Übung versuchen.
Dein Hund wird sehr bald begreifen, dass jetzt kein Fangenspiel angesagt ist.
Und wenn du ihn viel lobst, wird für ihn das Üben bald interessanter sein als das Wegrennen.

Hörzeichen und Sichtzeichen

Früher sagte man zu den Hörzeichen „Befehl“ und das Reagieren des Hundes nannte man „Parieren“. Aber heute wissen wir, dass Hunde **bei der richtigen Erziehung** gerne und mit Freude auf Worte reagieren. Schließlich sind wir nicht beim Militär. Damit erst gar keine falschen Vorstellungen aufkommen, nennen wir Worte wie „Sitz!“ oder „Platz!“ HÖRZEICHEN.

Und Hörzeichen werden grundsätzlich LEISE gegeben! Sehr sehr leise! Denn dein Hund hört ganz famos, er hört viele hundert Male besser als du. Und es gibt überhaupt keinen Grund, deinen Hund anzuschreien, nur weil du ihn um einen Gefallen bittest, nämlich: „Platz“.
Natürlich gibt es Hundebesitzer (ich denke da zum Beispiel an so verschiedene Schutzhundübungsplätze, die ich besucht habe), die wohl der Meinung sind, eine Gehorsamsübung würde durch herzhaftes Gebrüll erst so richtig schön. Weit gefehlt! Denn der Hund empfindet die Lautstärke als unangenehm und wahrscheinlich auch als Tadel. Ziemlich dumme Sache, wenn der Besitzer doch eigentlich etwas von seinem Hund möchte, nicht?!
Falls diese Schreier ihre Stimme so erheben, um Zuschauer zu beeindrucken, finde ich das sehr unlogisch. Denn wie unendlich viel mehr werden Spaziergänger oder Nachbarn beeindruckt sein, wenn dein Hund schon auf ein geflüstertes Hörzeichen von dir prompt reagiert!

Hunde hören zwar sehr gut. Doch untereinander verständigen sie sich viel häufiger durch Hinschauen als durch Hinhören (siehe Kapitel „So spricht dein Hund"). Deshalb solltest du es dir und deinem Hund leichter machen: Führe zu Beginn der Übungen bei jedem Hörzeichen ein entsprechendes SICHTZEICHEN ein! Dann kann nichts mehr schief gehen.

Stell dir vor: Ein durchschnittlich kluger Hund kann etwa 30 bis 50 Hörzeichen auseinander halten!!!

Wichtig ist: Es darf immer nur **ein Wort** pro verlangter Übung sein, denn Romane versteht dein Hund nicht.

Jetzt folgen die wichtigsten Hörzeichen:

Hier!

Sichtzeichen: mit den Händen auf die Oberschenkel klopfen ODER Hand am gestreckten Arm in die Höhe halten

„Hier!" übt ihr immer und überall. Dazu ist keine extra Übungsstunde nötig. Es ist nämlich ganz einfach. Ruf deinen Hund am Anfang niemals mit „Hier!", wenn er gerade abgelenkt ist, frisst, spielt oder mit Nachbars Hund Nachrichten austauscht! ***Ruf deinen Hund immer, wenn er sowieso gerade auf dem Weg zu dir ist!***
Beispiel: Du hast ein Quietschie in der Hand und machst damit ein Geräusch. Dein Hund schaut zu dir hin und kommt interessiert auf dich zu getrabt. Jetzt! „***Hier***, Susi! Ja, brav. ***Hier!***"
Und bitte das Ganze sehr leise und fröhlich! Es ist ja wunderbar, dass dein Hundchen kommt! Du freust dich waaaahnsinnig, ihn zu sehen!
Erst nach ein paar Wochen kannst du versuchen, deinen Hund zu rufen, wenn er gerade mal nicht sowieso zu dir unterwegs ist (Bitte immer noch nicht rufen, wenn er sehr abgelenkt ist!).
Beispiel: Susi sitzt im Garten und schaut Löcher in die Luft. Du: „Susi!", Susi fühlt sich angesprochen, denn ihren Namen kennt sie natürlich. Sie dreht sich um und schaut dich an. Jetzt! „Hier, Susi! Hier!" Und schon springt sie auf und kommt zu dir. Jetzt hast du nicht nur ein dickes Lob („Fein gemacht! Superfein!"), sondern auch noch ein Leckerchen für sie! Wow! Bei „Hier" gibt´s ein Leckerchen! Das lohnt sich!
Mach deinen Hund immer erst auf dich aufmerksam! Schnalz mit der Zunge, ruf seinen Namen, gib einen Quiekton von dir - egal, Hauptsache, er schaut dich an. Und ***dann erst*** folgt das Hörzeichen „Hier!".
Rufst du deinen Hund unter Ablenkung, wird er sicher nicht kommen und lernt zudem: `Ich brauche ja nicht zu reagieren!´ Deinen Ärger über seinen „Ungehorsam" verbindet er jedoch auch mit dieser wichtigsten Übung und wird sie deswegen nicht mehr mögen.
Erst nach Monaten des Übens und positiver Bestärkung kannst du einen Versuch starten, wenn dein Hund ein bisschen abgelenkt ist. Führe die Ablenkung selbst herbei. Wirf zum Beispiel ein Spielzeug. Wenn dein Hund damit herumtollt: „Susi! Hier!" Wenn sie nun kommt, gibt es ein extra dickes Lob, ein Leckerchen oder das Lieblingsspiel! Das hat sie suuuper gemacht! (Und du auch!)
Zögert der Hund mit dem Herbeieilen, dann hilft es oft, wenn du rasch ein paar Schritte rückwärts läufst und dich hinhockst. Merke: ***Lauf notfalls immer von deinem Hund weg statt auf ihn zu! Das ermuntert ihn zum Folgen.***
Bevor dein Hund „Hier" sicher befolgen kann, brauchst du einfach Geduld. Hast du es mal besonders eilig und willst weiter, obwohl Susi mit Strolch spielt: Ruf sie nicht! Geh einfach hin, heb sie kommentarlos auf und trag sie weg. Niemals schimpfen! Sie hat nichts Unrechtes getan!
Absolutes Tabu ist es, einen Hund zu rufen und dann etwas Unangenehmes folgen zu lassen. Wenn der kleine Schlammhopser also in die Badewanne muss, sammel ihn im Flur ein und ruf ihn nicht ins Badezimmer! Er

sollte niemals die Erfahrung machen, dass sein Kommen für ihn etwas Unangenehmes bedeutet.

Nein!

Sichtzeichen: Kopfschütteln

Deinem Hund beizubringen, was „Nein!" bedeutet ist nicht schwer. Du musst aber konsequent sein. Zu „Nein!" gehört eine ruhige, aber bestimmte Stimme. Dabei wird weder gelacht noch geschrien! So wie du beim Loben oder Rufen deine Stimme hoch und hell klingen lässt, wird ein „Nein!" eher tief gesprochen. Es sollte wie „Naaaahhhin" klingen, ein tiefes Grollen oder Knurren. Unfreundlich musst du nicht werden. Es sollte aber klar sein, dass ein „Nein!" auch NEIN bedeutet - und zwar sofort!

Scheint dein Hund ein wenig begriffsstutzig, weil der Tonfall allein nicht ausreicht, gibt es folgenden effektiven Trick: Du nimmst ein Leckerchen in die Hand und legst es vor deinen Hund auf den Boden. Natürlich will er das leckere Bröckchen sofort verschlingen. Auch dein „Nein!" wird ihn nicht davon abhalten - es sei denn... du greifst rasch mit dem schon erwähnten Schnauzengriff über seinen Nasenrücken und drückst kurz zugleich noch einmal: Leckerchen auf den Boden. Hund guckt. Du: „Nein!" Hund will es trotzdem nehmen. Und schon folgt der Schnauzengriff.

Das sagt deinem Hund: `Wenn ich „Nein!" höre, ist es besser für mich, ***nicht*** das auszuführen, was ich gerade vorhabe. Tue ich es doch, handele ich mir einen Tadel ein!´

Das musst du mehrmals direkt hintereinander üben. Nach ein paar Versuchen wird dein Hund sich entweder mit ratlosem Gesicht hinsetzen und das Leckerchen oder dich fixieren. Oder er dreht sich fort, als hätte er vollkommen vergessen, dass da eine Nascherei auf dem Boden liegt. In beiden Fällen solltest du ihn für sein Befolgen des Hörzeichens „Nein!" jetzt belohnen. Du hältst ihm ein weiteres Leckerchen (in deiner Hand) vor die Nase und sagst fröhlich auffordernd: „Nimm´s!" Und den Bissen darf er dann nehmen und ist dazu noch ein „gaaaanz braaver Hund!"

Beim „Nein" ist der Zeitpunkt sehr wichtig. Am besten wirkt es, wenn du es sagst, wenn dein Hund gerade etwas TUN WILL. Der zweitbeste Zeitpunkt ist, wenn er gerade BEGINNT etwas Verbotenes zu tun, dann: wenn er es GERADE TUT. Ein „Nein" kommt zu spät, wenn er gerade mit dem verbotenen Treiben aufhört.

Den Trick mit dem Schnauzengriff zu üben, empfiehlt sich generell. Auch wenn es dir vielleicht wie eine Schikane vorkommt: Das sofortige Befolgen von „Nein!" könnte deinem Hund einmal das Leben retten. Denn ein Hund, der alles „Leckere" von der Straße aufliest, wird auch einen mit Rattengift verseuchten Köder oder eine mit Ketchup bespritze Glasscherbe verschlucken. Hat er aber gelernt, dass „Nein!" bedeutet, dass er dieses Ding auf keinen Fall aufnehmen darf, wird ihn das retten! Und er weiß ja auch: Er wird von dir gleich durch ein „Ersatzleckerchen" für seinen tapferen Verzicht entschädigt.

Sitz!

Sichtzeichen: erhobener Zeigefinger

Einfach! Einfach! Denn „Sitz!" kann dein Hund schon! Ja, da staunst du. Aber wenn du deinen Welpen mal beobachtest, wirst du feststellen, dass es stimmt: Immer wenn der Kleine mal eine Pause machen will oder wenn er etwas Neues in seiner Umgebung betrachtet, setzt er sich auf seinen dicken Hintern. Es scheint geradezu so, als könnten Welpen im Sitzen besser denken.
Nun musst du es nur fertig bringen, dass dein Hund das Hörzeichen „Sitz!" mit dieser einfach auszuführenden Tat verbindet. Und das geht so: Ein Leckerchen in die Hand und vor dem Kleinen Position bezogen. Er hat das Leckerchen schon erspäht? Gut! Zeig es ihm deutlich. Halt es dicht vor seine Nase - aber so, dass er es auf keinen Fall erhaschen kann. Jetzt führst du deine Hand ***l a n g s a m*** über den Kopf des Knirpses hinweg in Richtung Rücken. Der Trick dabei: Du hältst das Leckerchen so, dass du gleichzeitig den Zeigefinger aufrichten kannst. Und so gibst du bereits das erste Sichtzeichen. Während du also deine Hand langsam nach hinten bewegst, versucht dein Hund natürlich, den Leckerbissen im Auge zu behalten und... Plumps!... landet auf seinem Hinterteil. Sofort erhält er den versprochenen Bissen und dazu sagst du mit heller, freundlicher Stimme: „Siiiiitz!". Es muss so klingen als handele es sich um eine Aufforderung zum Spielen oder Spazierengehen, etwas ganz Tolles eben!
Wichtig: „Sitz!" muss ertönen, ***während*** der Kleine sich auf seinem Po niederlässt, nicht vorher und schon gar nicht fünfzehn Sekunden danach!

Dies gilt zunächst für alle Übungen: ***Das Hörzeichen erfolgt in der Übungsphase während der Ausführung der Übung!*** Nicht vorher, nicht später! Nur so kann dein Hund seine Tat und das Zeichen miteinander verknüpfen.

Drück deinen Hund nicht mit der Hand auf seinem Po nach unten! Diese alte Methode funktioniert zwar auch, aber der Kleine verbindet das Hörzeichen dann mit einer unangenehmen Krafteinwirkung und wird es nie so freudig ausführen wie bei der Methode aus freien Stücken.
Beherrscht dein Hund das „Sitz" einigermaßen, kannst du anfangen, ihn jedesmal sitzen zu lassen, wenn ihr an einer Bürgersteigkante ankommt. Das erleichtert dir das ruhige Überqueren der Straße. Denn bei vielbefahrenen Straßen kann ein herumwibbelnder Hund ablenken.

O.k.!

Dieses Hörzeichen ist ein ganz spezielles Hörzeichen. Es dient nämlich im Grunde nur dazu, deinem Hund zu sagen, dass eine Übung vorüber ist. Dementsprechend leicht ist es ihm beizubringen.
Nehmen wir an, du hast gerade „Sitz!" mit ihm geübt. Er sitzt auch brav.

Nach einigen Sekunden löst du das Hörzeichen „Sitz!" wieder auf. Du sagst „O.k.!" oder „Genug!" oder sonst etwas Lustiges. Dein Welpe darf wieder aufstehen. Ohne dein „O.k." darf er nicht einfach wieder aufspringen!
Doch aller Anfang ist schwer! Übertreib es nicht und dehn die Übungen anfangs nie länger als ein paar Sekunden aus. Ist dein Hund älter und hat er begriffen, worum es geht, kann es auch mal eine Minute und nach und nach noch länger dauern - aber das wäre für einen kleinen Welpen viel zu lange.

Platz!

Sichtzeichen: flache Hand gen Boden bewegen

Auch „Platz!" kennt dein Hund schon, denn hinlegen kann er sich ja schließlich.
Um ihm das Hörzeichen beizubringen, nimm ein Leckerchen in die Hand... nein, nicht einfach so! Streck deine Hand aus. Jetzt halt das Leckerchen mit dem Daumen in der Handinnenfläche fest und dreh die Hand rum. Fertig ist das „Platz"-Sichtzeichen!
Dein Hund sollte wissen, dass du einen schmackhaften Brocken in der Hand hast. Er riecht es auch und möchte ihn gern haben! Nun führst du deine Hand von der Hundnase aus gen Boden, am besten direkt zwischen seine Vorderpfoten. Viele Hunde folgen der Bewegung mit dem Körper und plumpsen nieder. Sobald das geschieht, ertönt ein ***fröhliches*** „Plaaatz!" und er bekommt das Leckerchen aus der vorsichtig umgedrehten Hand. Nach wenigen Sekunden sagst du „O.k.!" und entlässt ihn mit viel Lob!
Ich betone oben ***fröhliches „***Platz!", denn gerade bei dieser Übung neigen wir allzuleicht dazu, unsere Stimme ein wenig scharf werden zu lassen, da „Platz" keine leichte Übung für den Hund ist. Aber wir machen sie nicht dadurch leichter, indem wir uns selbst verkrampfen und eine dunkle Stimme bekommen. Im Gegenteil. ***Freundlich und leise!*** heißen die Schlagworte. ***Immer!***
Sollte dein Hund nicht wie erwartet mit dem Bauch und Ellenbogen Bodenkontakt bekommen, sondern Verrenkungen versuchen (Hintern oben lassen, vorn aber runter. Ein Vorderbein einknicken oder andere lustige Kapriolen), ***drück ihn auf keinen Fall runter!*** Du erinnerst dich: Runterdrücken ist eine Form des schweren Tadels und hat beim Üben nun wirklich überhaupt gar nichts und auf keinen Fall und wirklich nie etwas zu suchen! Es scheint zwar der einfachste Weg zu sein, aber um welchen Preis?! Dein Hund würde „Platz" mit etwas Unangenehmem verbinden und die Übung vielleicht irgendwann verweigern.
Hier ist ein Trick, mit dem du auch den größten Verrenkungskünstler zum „Platz" bekommst: Geh in die Hocke und streck eines deiner Beine vor. Du kommst dir vor wie im Zirkus? Egal! Hauptsache, dein Welpe lernt, was „Platz" bedeutet! In dieser Position befindet sich dein Hund auf deiner rechten Seite. Du nimmst das begehrte Leckerchen in deine linke Hand und zeigst es dem Zwerg - unter deinem gestreckten Bein hindurch! Nicht ganz einfach, oder? Nur Mut! Wenn dein Hund entdeckt, was du da in der Hand hast, wird er versuchen, an die Nascherei zu kommen. Und dafür versucht er, unter deinem gestreckten Bein durchzukriechen. Du hast allerdings die richtige Höhe abgecheckt. Er muss also mit dem

Bauch auf den Boden, um durchzukommen. Und in dem Augenblick, in dem sein Bauch und seine Ellenbogen den Boden berühren, ertönt das fröhliche “Plaaatz!“ und noch einmal: „Plaaatz!“. Immer wieder, solange er im Platz liegt und an dem Leckerchen herumknabbert, das du ihm hinhältst.

An einem weichen Leckerchen kann dein Hund lange herumlutschen, wenn du es nicht einfach loslässt. Das Gelutsche ist für ihn Belohnung und du bringst ihn dazu, möglichst lange im „Platz“ zu liegen. Also: Am besten etwas Käse aus dem Kühlschrank klauen.

Steh!

Sichtzeichen: Handfläche nach oben deutend

Ermutigt durch die „Sitz“- und „Platz“-Erfolge denkst du jetzt: Das ist ja auch nicht schwer, denn stehen kann mein Hund ja auch. Richtig gedacht und trotzdem falsch. Natürlich kann er stehen. Aber wenn er stehen ***soll***, dann wird er´s wahrscheinlich nicht tun. Sobald du nämlich ein Leckerchen in die Hand nimmst und dich vor deinem Hund aufbaust, schaut er nach dem Happen und plumpst automatisch auf den Hintern. Er soll aber nicht sitzen, sondern stehen.
Also kniest du dich zu ihm runter. Die rechte Hand hält das Leckerchen direkt vor seine Nase. Und jetzt kommt´s: Die linke Hand kitzelt ihn ein ganz klein wenig unter dem hinteren Bauch. `Hihi, wie ulkig!´ Er steht auf, lutscht am Leckerchen (möglichst ein weiches nehmen wie bei der „Platz“-Übung), während du die linke Hand vorsichtig unter seinem Bauch positionierst. Will er sich setzen, wird er wieder etwas gekitzelt. Während er steht, sagst du die ganze Zeit dein freundliches „Steeeeh! Steeeeh, feiner Hund. Steeeeh!“ und gibst ihn schließlich mit „O.k.“ frei.
Beherrscht dein Hund „Steh“, erleichtert ihm das zum Beispiel den Tierarztbesuch. Denn deinen Hund krampfhaft auf dem Tisch festhalten zu müssen, während er sitzen, liegen, springen will, ist weder für ihn noch für dich angenehm. Willst du bei Eiseskälte und Schneematsch eine Straße überqueren, sollte sich dein Hund nicht - wie sonst üblich - hinsetzen. Beherrscht er „Steh“, kannst du dich trotzdem darauf verlassen, dass er nicht plötzlich nach vorn prescht.

Guck!

Sichtzeichen: Finger vor die Augen halten

„Guck" ist eine wichtige Übung, weil sie dir später hilft, deinen Hund beim „Fuß" zu dir aufschauen zu lassen. Außerdem kannst du ihn damit aufmerksam machen, wenn du etwas von ihm möchtest. Nun solltest du aber wissen, dass „Guck" eine schwere Aufgabe für deinen Hund darstellt. Den langen Blick in die Augen des Rudelführers würde ein rangniedriger Hund normalerweise unter allen Umständen vermeiden. Denn „Anstarren" wird von einem Hund als Bedrohung empfunden. Das ist manchmal recht praktisch, denn bei einem liebevoll und leise erzogenen Hund reicht es oft aus, ihn statt eines „Nein"-Tadels (zum Beispiel beim Betteln um ein Stück vom Butterbrot) einfach nur lange duster anzusehen. Bei „Guck" verlangst du nun also etwas von deinem Hund, das eigentlich gegen seine Natur ist. Daher muss diese Übung immer mit einem freundlichen Gesicht und leisen, freundlichen Worten begleitet sein! Und bei dieser Übung gilt ganz besonders, was bei allen anderen eigentlich auch schon selbstverständlich ist: ***Niemals und unter keinen Umständen darfst du deinen Hund ausschimpfen, wenn die Guckübung nicht auf Anhieb funktioniert***. Für ihn würde eine Welt zusammenbrechen, wenn er doch nur versucht, deinem „Chef-Blick" auszuweichen (und er dir damit seine Unterwürfigkeit zeigt), er dafür aber dann gerügt würde.
Die Übung an sich ist ganz einfach: Nimm ein Leckerchen in die Hand, zeig es dem Hund und führ es langsam in Richtung deiner Augen. Sein Blick folgt deiner Hand und plötzlich... schaut er dich an! Jetzt musst du blitzschnell reagieren! „Guck!" und gleichzeitig erhält er das Leckerchen.
Was passieren kann: Ein schlauer Hund weiß recht bald, dass sich in deiner Hand ein Leckerchen befindet und verfolgt genau die Bewegung deiner Hand, wenn du sie von deinen Augen wieder fortschwenkst, um ihn zu belohnen. Das soll er aber nicht. Er soll ja dafür belohnt werden, dass er dich anschaut! Tricks ihn aus! Gib ihm immer mal wieder das Leckerchen aus der anderen Hand, die du vielleicht hinter dem Rücken versteckt hältst. Er weiß also nicht, welche Hand das Leckerchen spendieren wird und wird dir unverwandt in die Augen blicken.
Diese Übung solltest du anfangs nur eine Sekunde lang halten. Dann kannst du sie langsam steigern. Du spürst selbst, wann dein Hund genug Vertrauen bekommen hat, um dir länger in die Augen zu schauen.

Fuß!

Sichtzeichen: kurz an den linken Oberschenkel klopfen

Wenn ein Hund sicher bei „Fuß" gehen kann, dann ist das eine gewaltige Leistung von Hund und Herrchen oder Frauchen. Manche Hundebesitzer glauben, sie könnten ihrem Hund diese schwierige Übung beibringen, indem sie ständig an der Leine reißen und „Fuß" meckern. Vergiss solche Methoden! Dein Hund hat das Glück, auch „Fuß" mit einem feinen Leckerchen beigebracht zu bekommen. Und das schon im Alter von zehn Wochen.
`Hä?´, denkst du. Das muss ein Tippfehler sein! Nein! Du beginnst ja auch mit den anderen Übungen schon im Welpenalter.

Die Erziehung!

Zehn Wochen sind genau richtig! Und ebenso ist „Fuß" auch eine Übung, an die ein junger Hund gut herangeführt werden kann.
Es beginnt ganz vorsichtig. Die ersten Übungen sehen noch gar nicht nach „Fuß" aus. Du hast nämlich ein paar Leckerchen in deinen geballten Händen, die du deinem Welpen vor die neugierige Nase hältst. Er riecht, dass sich da drinnen etwas Tolles befindet und stößt mit der Nase an deine Hände. Du gehst nun langsam rückwärts und lockst den Kleinen (ohne Hörzeichen, aber mit viel Lob) an deinen Händen hinter dir her. `Braaav macht er das! Suuuper! SO ist´s fein!´ Immer mal wieder gibst du ihm eines der kleinen Leckerchen. Dein Hund lernt: `Ich muss nur mit erhobener Nase der Hand folgen und schon werde ich belohnt! TOLL!´
Wenn du das ein paar Tage geübt hast, wird er ganz wild auf diese Übung sein.
Und nun drehst du dich während des Laufens so ganz nebenbei halb herum. Das heißt: Du läufst jetzt nicht mehr rückwärts, sondern ihr lauft beide vorwärts, in die gleiche Richtung. Die Leckerchen wechseln von beiden Händen in deine linke! (Denn „Fuß" bedeutet: der Hund geht ***links*** von dir!) Und nun befindet sich dein Hund an deiner linken Seite, mit der Nase an deiner Leckerchenhand. Jetzt ertönt ein freundliches und überaus vergnügtes „Fuuuß!". Macht das einen Spaß! Und noch mal „Fuuuß!", und immer recht freundlich bitte!
Achte darauf, dass dein Hund so neben dir geht, dass seine Schultern sich in etwa auf Höhe deines Knies befinden. Wenn er etwas „verrutscht" ist das nicht tragisch. Schließlich sind wir nicht beim Militär. Und immer schön weiter: „Fuuuß! Fein! Fuuuß! Braaver Hund!" Na, tut der Rücken schon weh? Da musst du leider durch! Erst wenn dein Hund gelernt hat: `"Fuß" bedeutet, dass ich links neben Frauchen gehe und von Zeit zu Zeit ein Leckerchen bekomme!´, kannst und sollst du dich aufrichten. Bis dahin vergehen jedoch Wochen und Monate! (Wie gesagt, „Fuß" ist eine sehr schwierige Übung.)
Wenn es denn endlich so weit ist, dass du dich aufrichten kannst, kannst du auch damit beginnen, das ständige Hörzeichen-Geben abzubauen. Dein Hund soll ja lernen, dass einmal „Fuß" bedeutet: `Ich habe so lange bei „Fuß" zu gehen bis ich „O.k." höre!´ Sag es also zu Beginn der Übung einmal und dann während der Übung immer seltener.
Irgendwann reicht ein einziges „Fuß".
Gleichzeitig mit dem langsamen Abbau des ständigen „Fuß"-Geplappers, kannst du hin und wieder mal „Guck!" sagen! Jetzt macht sich das „Guck"-Üben nämlich bezahlt. Weil dein Hund es kennt, schaut er im „Fuß" zu dir hoch und du kannst ihm dafür rasch ein Leckerchen geben. Er wird jetzt überhaupt nur noch mit einem Leckerchen belohnt, wenn er gerade zu dir hochschaut. Wenn ihr das oft genug übt, wird er beim „Fuß" immer wieder zu dir aufschauen. Ein perfektes Team!

Wenn du schon mal auf einem Hundeplatz warst, hast du gesehen, dass ein Hund, der das Hörzeichen „Fuß" hört, erst einmal um seinen Herrn herumgeht. Er kommt von vorn, geht auf der rechten Seite um seinen Menschen herum und kommt so auf dessen linken Seite zum Stehen. Dort setzt er sich erst einmal hin.
Auf diese Art kannst du deinem Hund helfen, ins „Fuß" zu kommen.
Wenn er vor dir steht, führst du ihn mit einem Leckerchen um dich herum (du selbst bleibst stehen!) an deine linke Seite und sagst ihm dann: „Sitz!"
Das nennt man „Grundposition".
So könnt ihr beide euch erst einmal konzentrieren. Er befindet sich schon an der richtigen Stelle und ein „Fuß" ist nun für ihn viel leichter zu erfüllen als aus einer Position „irgendwo vor oder hinter dir".

Lauf!

Sichtzeichen: mit der Hand nach vorn deuten

Das Hörzeichen „Lauf" ist wirklich einfach zu üben. Es bedeutet nichts anderes als: „Momentan will ich nichts von dir. Du kannst spielen gehen."
Du kannst es üben, wenn du mit deinem Hund im Wald oder an der Spielwiese angekommen bist. Zuerst sagst du ihm „Sitz!", damit du ihn ordentlich ableinen kannst. Sobald du den Karabinerhaken vom Halsband gelöst hast, sagst du aufmunternd: „Lauf!" und deutest von dir fort.
Dein Hund wird deiner Aufforderung sofort nachkommen.
Nein? Tut er nicht? Er bleibt dumm sitzen und schaut dich an?
Na, dann wirf ihm doch einen Ball und sag „Lauf!" sobald er losprescht.

„Lauf!" ist nicht unbedingt ein Hörzeichen, das ein Hund dringend beherrschen muss. Aber Hunde sind echte Fans von Hörzeichen, die ihren eigenen Wünschen entsprechen. Ist dein Hund gewöhnt, solche sensationell tollen Hörzeichen von dir zu erhalten, reagiert er auch positiver auf schwierige wie „Fuß!".

Bleib!

Sichtzeichen: flache Hand aufrecht nach vorn gestreckt

Das Hörzeichen „Bleib!" wird am besten mit „Sitz" oder „Platz" verbunden. Gehen wir mal davon aus, dein Hund beherrscht das „Platz" bereits ganz gut und er bleibt so lange liegen, bis du ihm mit „O.k." das Aufstehen erlaubst. (Bei einem jungen Hund bitte nicht überstrapazieren. Eine oder gar zwei Minuten reichen vollkommen für einen ausgelassenen Spring-ins-Feld!)
Nun sagst du zu ihm „Bleib!" und gibst das entsprechende Sichtzeichen. Dazu hebst du mal den einen, mal den anderen Fuß vorsichtig vom Boden als wolltest du gehen. Wenn ihn das nicht weiter beunruhigt, gehst du einen einzigen Schritt rückwärts - immer mit erhobener Handfläche und deinem Hund stets ins Gesicht schauend! Bleibt er liegen, tust du den Schritt sofort wieder zurück, kniest dich hin und lobst ihn ausgiebig (Leckerchen!). Erst dann darf er („O.k.!") aufstehen. Das ist wichtig, denn er soll begreifen, dass er für sein Liegenbleiben belohnt wird, nicht fürs Aufspringen.
Nach und nach kannst du mehrere Schritte von ihm weg machen.

Mach nun nicht den Fehler, ihn zu früh „hereinzurufen“! Er muss erst ganz sicher liegen bleiben, auch wenn du dich zwanzig Schritte entfernst und diese Schritte dann auch wieder zu ihm zurück gehst. Erlaub ihm beim Zurückkommen nicht, dass er aufsteht, um dich zu begrüßen. Steht er auf, bleibst du einfach stehen und sagst nochmals „Platz und Bleib!“ bis er liegen bleibt.
Wenn das funktioniert, habt ihr beide schon ein gaaaanz dickes Lob verdient! Super gemacht!
Und nun kannst du ihn „hereinrufen“. Das heißt: Du sagst „Platz“, dein Hund legt sich brav hin und schaut dich an. Es folgt dein „Bleib!“ und das Sichtzeichen. Du entfernst dich von ihm (Bleibt er auch liegen, wenn du ihm den Rücken zuwendest?!) etwa zehn Schritte und drehst dich zu ihm um.
Er schaut dich an und wartet, dass du ihn wieder abholst. Doch diesmal rufst du fröhlich „Hier!“ und gibst das entsprechende Sichtzeichen. Dein Hund wird wie von der Tarantel gestochen zu dir losflitzen. Und schon bekommt er ein dickes Lob und Leckerchen. Ein super Team seid ihr!

Nun fragst du dich, was das Ganze soll? Ganz einfach: Für einen Hund ist das Hörzeichen „Hier!“ oft mit der Unterbrechung von etwas Schönem verbunden. Er buddelt vielleicht gerade einer Maus nach, spielt mit Nachbars Rex oder möchte sogar den zähnefletschenden löwengroßen Kumpel freundlich begrüßen, der den Weg lang kommt. Und immer, immer, immer ertönt dein „Hier!“ und er muss zu dir. Auch wenn´s dann Leckerchen gibt... manchmal möchte er doch lieber ***nicht*** kommen.
Diese „Bleib“-Situation ist nun aber eine vollkommen andere! Er muss im „Platz“ liegen. Für die meisten Hunde keine angenehme Sache. Er tut es, weil er belohnt wird, aber nicht weil es ihm wirklich Spaß macht.
Und nun wird er aus dieser Lage plötzlich „erlöst“ mit einem fröhlich geschmetterten „Hier!“ - na, kapiert? Klar: „Hier!“ wird mit einem Mal mit ganz anderen Hundeaugen betrachtet! „Hier!“ ist ultracool, superklasse, megagut!
Überzeugt?!
Und wenn du mal mit deinem Freund die Begleithundprüfung ablegen möchtest, dann wird die Übung „Bleib“ auch verlangt.

Die Hörzeichenkombination „Platz und Bleib!“ eignet sich allerdings nicht zum Ablegen des Hundes, wenn du zum Beispiel beim Bäcker reinspringst. Das gilt insbesondere für die Übungsphase. Du kannst deinen Hund zwar durch die Scheibe sehen, aber wenn er aufsteht, musst du ***sofort hinaus*** und ihn korrigieren. Denn er darf nicht ohne dein „O.k.“ wieder aufstehen! Sag ihm vorm Bäcker lieber „Warte“ oder Ähnliches, ***ohne*** vorher eine bestimmte Position zu verlangen.

Aus!

Viele Hundebesitzer verwenden das Hörzeichen „Aus“, wenn ihr Hund etwas tut, das sie nicht möchten: zum Beispiel sich im Dreck wälzen, die Erbtante anspringen oder beides in dieser Reihenfolge direkt hintereinander. Ich denke, dass sich in solch einer entscheidenden Situation ein klares „Nein!“ viel besser bewähren würde.
Allerdings gibt es keine allgemein gültigen „Hörzeichen-Vokabeln für Hundehalter“. Daher sagt der eine „Nein“, ein anderer „Pfui“ und ein dritter „Aus“ - obwohl sie alle das Gleiche meinen: „Lass das, was du gerade tust!“
Unser „Aus“ bedeutet allerdings etwas ganz anderes!
Nehmen wir mal an, du spielst mit deinem Hund Zerren mit dem wunderbaren Zerrstrick aus Baumwolle. Du möchtest das Spiel beenden, ihm aber das Spielzeug nicht überlassen, damit er nicht größenwahnsinnig wird und denkt, der Strick gehöre gar ihm. Also sagst du einfach „Aus!“, dein Hund lässt bereitwillig los, bekommt als Tausch ein

Leckerchen und alle sind zufrieden.
Genauso reibungslos funktioniert „Aus" auch, wenn dein Hund - flink wie er beim Fressen nunmal ist - ein Stück Fleischwurst mit Kunstpelle von der Straße aufgelesen hat. Das „Nein!" käme hier zu spät, denn es ist ja nun schon einmal passiert: Der Bissen steckt im Fang. „Aus!" und schon lässt er - widerwillig, aber er muss ja! - das Wurststück fallen und du kannst ihn in aller Ruhe mit mehreren Leckerchen für diesen tapferen Verzicht belohnen.
Gut, ne?
Und es ist gar nicht so schwer. Es ist nur ein bisschen Eindenken in deinen Hund erforderlich.
Der Zerrstrick, irgendein anderes Spielzeug oder ein Wurstbrot sind für deinen Hund seine ***Beute***. Das ist etwas unheimlich Tolles, geradezu Heiliges. Und so eine Beute wird umso spannender, wenn sich jemand anderes (nämlich du) auch dafür interessiert. Dein Hund will also auf keinen Fall seine Beute wieder rausgeben.
Beginnst du das Üben für „Aus" mit einem jungen Hund, ist es nicht so schwierig, ihn mit einem vorgehaltenen Leckerchen davon zu überzeugen, dass „Aus!" etwas noch viel besseres als die olle Beute bedeutet. Ein älterer Hund jedoch hat einen sehr ausgeprägten Sinn für ***seine Beute*** und seine Kiefer können zu Schraubstöcken werden, willst du sie ihm gegen seinen Willen abnehmen. Aber was ist das? Plötzlich bist du überhaupt nicht mehr an dem dummen Spielzeug interessiert! Gar nicht, überhaupt nicht. Ist dir vollkommen egal, was er da so angeberhaft in der Gegend rumträgt, pah! Du hast nämlich etwas viel besseres! Etwas, das viel mehr Spaß macht, das Geräusche macht (quietsch selbst ein bisschen herum), das einfach das Allergrößte ist. Wetten, dass dein Hund recht dumm dreinschaut?
Er denkt: `Hm. Meine Beute ist wohl doch nicht so toll. Die da scheint viel interessanter zu sein.´
In dieser Hinsicht sind Hunde nämlich wie kleine Kinder: sie wollen immer das Sandkastenförmchen des anderen.
Kommt dein Hund nun neugierg mit seinem Strick in der Schnauze heran, mach ihm deine Beute (vielleicht ein Ball) so richtig schmackhaft. Sie kann Laute von sich geben, flieht unter deinen Pulli, guckt frech wieder hervor, rennt um dich herum und springt plötzlich... zapp! genau vor die Nase deines Hundes.
Jetzt musst du schnell sein! In dem Augenblick, in dem dein Hund sein Spielzeug fallen lässt, um nach deinem zu schnappen, sagst du ein freundliches aufforderndes „Aus!". Wichtig ist, dass er nicht den Eindruck bekommt, er habe dir deine Beute gestohlen. Es muss ganz klar sein: Er lässt seine Beute fallen und erhält dafür - als Belohung von dir freiwillig! - deine Beute! Ein toller Tausch! Und schon bald wird dein Hund begreifen, dass „Aus" immer bedeutet, dass er im Gegenzug für seinen Verlust auch etwas bekommt.

Klappt auch der Tausch nicht, um ihm die Bedeutung von „Aus" beizubringen, dann hapert es offenbar an Vertrauen. Da hilft nur eins: Streicheln! Jawohl! Streicheln ist jetzt angesagt! Du trittst neben deinen Hund (Beute immer noch fest in seiner Schnauze!) und „umarmst" ihn von oben ganz sacht. Leg eine Hand vorn um seine Brust und die andere über seinen Rücken. Streichel ihn ein kleines bisschen, ganz ruhig und entspannt. Komm mit der Hand nicht in die Nähe seiner Schnauze, die die Beute hält. Versuch nicht, ihm das Spielzeug fortzunehmen. Übe das mehrere Tage hintereinander immer wieder. Irgendwann wird sich dein Hund bei dieser „Festhalteübung" so entspannen, dass er das Spielzeug freiwillig aus der Schnauze legt oder bereit ist, es gegen ein besonders verlockendes Leckerchen einzutauschen. Nun sagst du weich und liebevoll „Aus!" und lobst ihn sehr. Greif sehr langsam nach dem

Spielzeug und er wird nochmals gelobt. Bei fehlendem Vertrauen gilt besonders: Geduld und immer wieder üben!

Ab!

Du sitzt auf dem Boden und sortierst deine CD-Sammlung? Dein Hund stolziert mittendurch und bringt alles in Unordnung? Und als du aufstehst, um ihn rauszubringen und „Leg dich" zu verlangen, trittst du versehentlich deine Lieblingsplatte kaputt?
Au, weia! An solch einem Tag hängt der Haussegen schief im Rudel!
Wie gut wäre es doch, wenn du deinem Hund mit einem Wort sagen könntest, dass er sich jetzt bitte unverzüglich von deiner Seite zu entfernen hat!
Mit „Ab!" hast du solch ein Wort. Ich möchte allerdings ausdrücklich davor warnen, dieses Hörzeichen oft zu benutzen. Es ist für deinen Hund nicht schön, wenn du ihn fortschickst und nur bei sehr dominant veranlagten Tieren wichtig für die Rangordnung. Ein braves Cockermädchen wie Jule würde es sicherlich nicht verstehen alle Nase lang mit „Ab" fortgeschickt zu werden. Daher ist Vorsicht geboten.
Du übst am besten so für dieses Hörzeichen: Wenn du allein zu Hause/im Raum bist, rufst du deinen Hund zu dir. Du schmust mit ihm, kraulst ihm den Bauch und bist besonders nett zu ihm. Dann beendest du die Schmusestunde ganz eindeutig. Mit ruhiger Stimme sagst du zu deinem Kleinen: „So, Schluss mit dem Gekraule!" oder etwas Ähnliches. Ausnahmsweise kommt es hier nämlich nicht auf die Worte, sondern auf deinen Tonfall an. Du brauchst wirklich nicht unfreundlich zu klingen, musst aber unmissverständlich sagen: `Sorry, mein Herzchen, aber jetzt ist genug!´ Dann sagst du „Ab!" und deutest mit dem ausgestreckten Arm in die Richtung, in die dein Hund sich bittesehr verkrümeln soll.
Notfalls kannst du ihn sanft ein Stückchen in die angegebene Richtung schubsen. Nur eins darfst du nicht: Aufstehen und ihn begleiten - denn dann würde er die Bedeutung von „Ab!" nicht durchschauen.
Achtung! Lass dein „Ab!" nie wie eine Strafe klingen. Es ist ein Hörzeichen wie jedes andere und darf niemals und unter gar keinen Umständen als Strafe (Liebesentzug) eingesetzt werden. So eine Bestrafung würde dein Hund nicht verstehen!
Hat sich dein Hund von dir abgewandt und steht nun für einen Moment ratlos im Wohnungsflur herum, kannst du ihn mit ruhiger Stimme leise loben. Nicht zu fröhlich! Nicht zu euphorisch! Denn so manches Kerlchen fühlt sich davon gleich wieder animiert, zu dir zurückzukehren.
Hat er erst einmal verstanden, dass „Ab!" bedeutet, dass er sich entfernen soll, kannst du ihn bei der nächsten CD-Sortier-Aktion ganz einfach hinaus schicken.

Leg dich...

Nanu! Ein Hörzeichen, hinter dem kein Ausrufezeichen steht?
Nein, denn „Leg dich" ist ein sehr mildes Hörzeichen und die „Übung" dazu im Grunde keine richtige Übung. „Trainiert" wird weder beim Spaziergang noch auf dem Hundeplatz. Trainiert wird nur zu Hause oder bei einer gemütlichen Rast am Wiesenrand. Und das geht so: Dein Hund ist müde und gerade dabei, sich die Decke im Körbchen ein wenig zusammenzulegen. Dann lässt er sich mit einem zufriedenen Seufzer darauf nieder. Während er in sich zusammensinkt, ertönt von dir ein gemütliches: „Leg dich..." Ja, er hat´s verdient, das Päuschen. Schlaaaf du nur ein bisschen. Gähn.
„Leg dich..." ist das einzige Hörzeichen, das ein Hund problemlos lernt ohne jemals ein Leckerchen, Spiel oder euphorisches Lob bekommen zu haben. Seine bequeme Stellung und die Gewissheit, dass du sein Vorhaben sehr schätzt, sind Belohnung genug.
Nach einem halben Jahr, kennt er diese bei-

den Worte so gut, dass du ihn auch mitten in einem Restaurant - ***unter*** dem Tisch selbstverständlich! - mit „Leg dich..." zu einer bequemen Stellung auffordern kannst. Er weiß dann: `Hier bleiben wir eine Weile. Ich kann´s mir gemütlich machen.´

Hörzeichen auflösen!!!

Nachdem du jetzt die wichtigsten Hörzeichen der Hundeerziehung kennen gelernt hast, ein Wort zum Schluss: Jedes Hörzeichen, das von deinem Hund das Verharren in einer Position verlangt (Sitz, Platz, Bleib, Fuß und andere), MUSS wieder aufgelöst werden. Nach ein paar Sekunden oder Minuten (je nach Übung) sagst du zum Beispiel „O.k.!" oder „Fertig!" oder „Genug!" oder was du willst - es muss nur immer das gleiche Wort sein. Dein Hund springt auf und fröhlich um dich herum. Ein irrer Spaß diese Übung!
Vergisst du, dieses erlösende Wort zu sagen, steht dein Hund irgendwann von selbst auf und trollt sich davon. Er hat gelernt: `Ich muss mich zwar setzen, aber wann ich aufstehe, das darf ich entscheiden!´ Und damit besteht die Gefahr, dass er sich demnächst bei „Sitz!" zwar hinsetzt, aber gleich wieder aufspringt als hätte er eine Feder im Hintern. Und das willst du ja nicht.
Also: Darauf achten, dass dein Hund nicht aufsteht, bevor du das Hörzeichen aufgelöst hast!
Ach, ja! Besonders brave Hunde können sogar im „Platz vergessen" werden. Das ist ganz und gar nicht fair!
Auflösung des Hörzeichens also nie vergessen!

Ich sag´s nur einmal!

Nun hast du eine ganze Menge brauchbarer wie notwendiger Hörzeichen gelernt. Dein Hund macht prima mit und ist eifrig bei der Sache. Allerdings... in letzter Zeit kommt es häufiger mal vor, dass er sich nicht gleich beim ersten „Platz" auch hinlegt. Du musst es mehrmals sagen, vielleicht dreimal oder siebenmal?
Dein Fehler!
Irgendwann hast du geschlampt und nicht darauf geachtet, dass ein Hörzeichen auch sofort befolgt wird. Macht nichts! Solange dein Hund nicht etwas vollkommen anderes macht als er eigentlich soll, kannst du das rasch wieder ausbügeln.
Übe eine Woche lang mal sehr konzentriert! Vor jedem Hörzeichen den Kopf einschalten! Wenn du „Sitz" sagst, muss sich dein Hund sofort hinsetzen. Ansonsten hilfst du innerhalb weniger Sekunden nach. Das bedeutet ***nicht,*** dass du deine schöne Übung - die er immer so gern gemacht hat! - jetzt plötzlich versaust, indem du brüsk mit der Hand sein Hinterteil zu Boden drückst. Damit erreichst du nur, dass dein Hund mit dem schönen „Sitz" plötzlich auch etwas Unangenehmes verbindet. Das wollen wir ja nicht!
Übe einfach wieder verstärkt mit ihm wie mit einem Welpen:
Beispiel:
Leckerchen in die Hand. Hörzeichen „Sitz!". Hund schaut nur. (`Meint sie das nun ernst?´- Ja, du meinst es ernst!). Leckerchen vor die Nase (OHNE das Kommando zu wiederholen!) und nach hinten führen. Hund sitzt. Lob mit der Stimme: „Brav! Fein gemacht!" -

ABER KEIN LECKERCHEN!!!!!!!!!
Das ist nämlich der Trick. Das Leckerchen bekommt der Schlingel nur, wenn er ***sofort*** „Sitz!“ macht, nachdem du es gesagt hast! Also nochmal: Leckerchen in die Hand. Hörzeichen „Sitz!“. Hund sitzt. Sofort Leckerchen geben. „Braver Hund! Suuuuper!“

Gib deinem Hund für eine Weile kein Hörzeichen, wenn du ihn ***nicht*** notfalls auf diese Weise gleich korrigieren kannst! Bist du gerade an der Bushaltestelle von neugierigen Leuten umringt oder hast du absolut keine Minute Zeit, dann verzichte für eine Weile auf Hörzeichen in solchen Situationen! Dein Hund muss begreifen: `Auf Hörzeichen muss ich sofort reagieren! Denn die werden nur einmal gegeben!´

Kunststückchen

Pfötchen geben. Schuhe holen. Zeitung tragen. `Toter Hund´ spielen.
Klingt das nicht nach einer Menge Spaß?! Kunststückchen zu lernen ist etwas ganz besonders Feines für einen Hund. Schließlich hat er damit bei fremden Menschen wie etwa deinen Freundinnen Bombenerfolge. Alle bewundern ihn und loben ihn mächtig dafür, dass er sich zum Beispiel auf Kommando über den Teppich rollt. Deiner Fantasie ist dabei keine Grenze gesetzt. Geh nur nicht zu ernst an die Sache heran. Kunststückchen sind ein Spaß für dich und deinen Hund. Und wenn er eines nicht lernt, dann ist das nicht tragisch.
Falls jemand meint, Kunststückchen seien nichts für „ernsthafte“ Hunde, dann soll er sich mal all die ernst zu nehmenden Polizeihunde, Blindenführhunde oder Lawinensuchhunde anschauen, die mit Begeisterung jeden Jux mitmachen. Für deinen Hund steht fest: `Je mehr Sachen ich lerne - und dazu zählen Kunststückchen auch! - desto toller ist mein Rudelführer! Denn der weiß soooo viel!´

Das „ZickZack-Kunststück“: Du stellst dich rechts neben deinen Hund und sagst ihm „Sitz“. Dein Hund sitzt nun an deiner linken Seite wie in der Grundposition für „Fuß“. Du hältst ein Spielzeug oder Leckerchen in der rechten Hand und machst ihn mit „Guck!“ darauf aufmerksam. Dann stellst du dein rechtes Bein vor als wolltest du einen großen Schritt machen. Du hältst die Hand mit dem Spielzeug/Leckerchen zwischen deinen Beinen hindurch deinem Hund vor die Nase und führst ihn so durch diesen kleinen „Tunnel“. Dabei sagst du „Zick!“ Ist er drüben angekommen, gehst du schnell den einen Schritt, so dass nun dein linkes Bein vorn steht und dein Hund erneut zwischen deinen Beinen durch muss. Diesmal sagst du „Zack!“ dabei. Anfangs reichen zwei Schritte. Wirf ihm dann den Ball, mach ein Zerrspiel mit ihm, wenn er den Strick erwischt hat oder gib ihm das Leckerchen. Hat er diese Abfolge erst einmal begriffen, kannst du nach und nach weitere „Schritte“ dranhängen. So läuft dein Hund schließlich im „Zick Zack“ durch deine Beine, während du vorsichtig einen Fuß vor den anderen setzt.

Jeder Hund ist anders!

Sieh dich mal um und vergleich die Schwestern und Brüder deiner Freunde. Da siehst du: Es muss nicht unbedingt sein, dass Geschwister sich in Wesen und Vorlieben/Abneigungen ähneln. Und Fremde auf der Straße unterscheiden sich noch viel mehr voneinander, obwohl wir alle Menschen sind. Genau wie bei uns gibt es auch bei Hunden ganz eigene Individuen. Bei ihnen sind diese Unterschiede durch zwei Dinge beeinflusst:

a.) Anders auf Grund der genetischen Anlagen
„Anlagen" bedeutet all das, was dein Hund von seinen Eltern vererbt bekommt. Selbstverständlich ist das Aussehen deines Hundes vererbt. Anlagen sind aber auch eine Krankheit oder eine außergewöhnlich robuste Gesundheit, ebenso wie Wesenszüge: Schüchternheit, Wachsamkeit, Jagdtrieb oder Belleifer.
Die Besonderheiten, die dein Hund auf Grund seiner genetischen Anlagen mit sich bringt, kannst du nicht ändern. Du kannst ihnen nur entgegenwirken oder sie unterstützen. Ein schüchterner Hund muss besonders viel ermutigt werden, einer mit Jagdleidenschaft sollte als Ersatz im Beutespiel (siehe Kapitel „Richtiges Spielzeug") besonders gefordert und im Wald stark kontrolliert werden. Besitzt du einen Rassehund, hast du das Glück, dass Bücher und Züchter dir über die genetischen Anlagen deines Hundes schon recht viel sagen können. Und deswegen kannst du diese Besonderheiten auch beim Training gleich mit einfließen lassen. Vergleich einen Dackel nicht mit einem Hütehund, einen Pudel nicht mit einem Terrier. Lies lieber das Kapitel „Wie kam der Hund zum Mensch" noch einmal und mach dir Folgendes klar: Zum Beispiel einem Chi-hua-hua das Apportieren beizubringen, ist kein Zuckerschlecken.
Vielleicht lernt er es tatsächlich, weil du geduldig bist und vor allem: weil du weißt, dass ein Chi-hua-hua kein klassischer Apportierhund ist und daher nicht dieselben Voraussetzungen dazu mitbringt wie ein Labrador Retriever.
Mach dir das ganz klar, bevor du dich für eine Rasse entscheidest. Schau nach ihren Ursprüngen und nach dem Hundetyp, dem sie angehört (Kapitel „Es gibt den Hund, der zu dir passt!").

b.) Anders auf Grund der Erziehung/Erlebnisse
Das Aussehen deines Hundes kannst du gewiss nicht verändern. Das haben ihm seine Eltern vererbt. Doch du wirst staunen, wie du deinen Hund durch eine gute Erziehung beeinflussen kannst.

Ein Beispiel für prägende Erlebnisse in der Erziehung: Ein Welpe, der friedliche selbstbewusste Eltern hat, zeigt beim ersten Spaziergang einem großen Hund seine Unterwürfigkeit durch Ducken und Urin absetzen. Sein Herrchen glaubt, es handelt sich um Angst und nimmt von da an das Hundchen immer auf den Arm, sobald sich ein großer Hund nähert. So merkt sich der Kleine mit der Zeit: `Ich bin ja sooo viel größer und stärker als ihr alle!´ - denn aus seiner Arm-Perspektive sieht ein Schäferhund recht mickrig aus. Da er nicht lernt, bei einem stärkeren Hund auch entsprechend kleine Brötchen zu backen, wird er als Erwachsener zu einem größenwahnsinnigen Beißer.
Fazit: Dieser Hundebesitzer hat die artgerechten genetischen Anlagen seines kleinen Hundes verdorben. Er hat sich falsch verhalten, indem er seinem Hund eine falsche Realität vorgegaukelt und ihm nicht erlaubt hat, sich in der wichtigen Phase der Sozialisation instinktiv artgerecht zu verhalten.

Noch ein Beispiel: Ein junger Hund, der gut sozialisiert und vertrauensvoll zu seinen neuen Besitzern kam, wird von einem freilaufenden aggressiven Artgenossen attackiert und gebissen. Der Angegriffene würde vielleicht Zeit seines Lebens die dort geweckte Angst vor fremden Hunden nie verlieren, wenn... ja, wenn sein Frauchen nicht hundgerecht denken würde! Denn Frauchen ist schlau und schaut sich schon am nächsten Tag beim Spaziergang nach weiteren großen, fremden Hunden um. Sobald mit deren Besitzern die Harmlosigkeit des Tieres geklärt ist, konfrontiert Frauchen das Angriffs-Opfer vorsichtig mit den gefürchteten Fremden. Dabei gewährt sie dem Verschreckten immer zwischen ihren Beinen Schutz, während sie sich mit den anderen Hundebesitzern fröhlich unterhält. Sie nimmt ihren Hund aber niemals auf den Arm. Quiekt der Kleine ängstlich, wird er grundsätzlich ignoriert. Denn mitleidiges oder beruhigendes Gemurmel würde er als Unterstützung seiner angstvollen Reaktion völlig missverstehen. Ist er aber still, nimmt die Begrüßung des fremden Hundes hin und wedelt gar zaghaft mit dem Schwanz, wird er mit fröhlicher Stimme ausgiebig gelobt und zum Spielen aufgefordert. Nach wenigen Wochen, vielleicht schon Tagen, ist der schreckliche Angriff vergessen und der Hund hat sein Selbstvertrauen wiedergewonnen. Fazit: Hier hat ein schlechtes Erlebnis in die Psyche des Hundes eingegriffen. Aber die richtige Reaktion der Besitzerin hat dies wieder ausgebügelt.

Was ich mit diesen Beispielen sagen will, ist ganz einfach: Egal, welche Anlagen - gute und leider auch mal unbequeme - dein Hund auf Grund seiner Genetik oder Erlebnisse mitbringt: deine Erziehung und dein Einwirken können ungeheuren Einfluss haben. Erwarte nie zu viel von einem Hund, der bestimmte Anlagen nicht mitbringt. Gib ihn aber auch nicht so rasch auf, sondern gleiche seine Startschwierigkeiten mit Geduld und Fingerspitzengefühl aus.

Hundeschulen machen Spaß!

Wenn du nun denkst, dein Welpe sei noch viel zu klein, um eine Hundeschule zu besuchen, dann liegst du falsch! Die meisten guten Hundeschulen bieten vor den Erziehungskursen für junge Hunde auch so genannte „Welpenprägungskurse“ an.
Was Prägung bedeutet, das haben wir ja nun bereits durchgekaut. Und wie du festgestellt haben wirst, gefällt es deinem Hund ganz ungemein, mit anderen Artgenossen herumzutollen. Um es nochmal zu betonen, denn das kann gar nicht oft genug gesagt werden: Es ist sehr sehr wichtig, dass er früh - schon vor der Vollendung des dritten Lebensmonats - lernt, mit anderen Welpen seines Alters zu spielen, lustig zu kämpfen, kurz: sich hundegerecht zu verhalten.
Junghunde, die in ihrer pubertären Rüpelphase manchmal recht grob werden können, gehören ***nicht*** in eine Welpenspielgruppe. Gegen einen erwachsenen Hund (zum Beispiel der Hund einer Trainerin), der freundlich mit den Kleinen umgeht, ist dagegen nichts einzuwenden. Dadurch erhält dein Wicht auch gleich Kontakt zu älteren Tieren und lernt, mit ihnen umzugehen.
So ganz nebenbei werden in Welpenprägungskursen auch spielerisch die ersten Übungen gemacht. Wenn ein Hund bereits im Alter von 10 Wochen zum ersten Mal erfährt, was „Sitz“ bedeutet, ist das für ihn keine Überforderung, sondern der erste Schritt in die richtige Richtung. - Vorausgesetzt, das Üben wird auf wenige Minuten beschränkt und nicht übertrieben!

Wichtig ist in diesem Zusammenhang, dass dein Welpe eine ausreichende Schutzimpfung erhalten hat. Ist er durch seine Impfungen nicht geschützt, läuft er bei jeder Hundebegegnung Gefahr, sich mit einer gefährlichen Krankheit anzustecken. Dummerweise ist die letzte Schutzimpfung erst im Alter von drei Monaten möglich und die Arzneimittelhersteller empfehlen danach noch einige Wochen Sperrfrist für Kontakte. Mit vier Monaten ist die Prägephase eines Welpen aber bereits abgeschlossen. Auf Grund dieses Dilemmas besteht immer ein kleines Restrisiko. Auf Grund dessen solltest du nur eine Hundeschule besuchen, bei der die üblichen Schutzimpfungen zwingend vorgeschrieben und die Impfpässe von den TrainerInnen kontrolliert werden.

Liebe Jule,
heute war ich zum ersten Mal in der Hundeschule. Es war wirklich toll. Alle waren in meinem Alter. Zuerst durften wir spielen und balgen. Aber kein Hund hatte so schöne lange Ohren, wie du, zum Reinbeißen. Trotzdem hat es Spaß gemacht. Meine Leute hatten die Taschen voller Leckereien. Irgendwann standen dann alle Hunde mit ihren Menschen im Kreis. Sie waren teilweise ganz schön nervös, die Menschen meine ich. Das habe ich genau gerochen. Mir war nicht ganz klar, was sie wollten, aber dann haben mich meine Leute dazu gebracht, mich hinzusetzen und waren darüber so glücklich, dass ich gleich eins der Leckerchen bekam. Mir war sofort klar, um was es hier ging. Es ist ganz leicht. Du merkst dir einige Worte und Übungen und bekommst etwas dafür: Leckerchen, Spiel, irgendetwas Angenehmes eben. Ich bevorzuge diese kleinen bröseligen Kekse. Wenn wir jede Woche hingehen, werde ich schlau wie Lassie und fett wie eine Tonne. Außerdem machen die Übungen Spaß! Und irgendwie komme ich mir dabei auch unheimlich wichtig vor, so als ob ich richtig was zu tun hätte. Da waren auch zwei junge Hütehunde. Als Border-Collies haben sie sich vorgestellt und gesagt, sie hätten schon befürchtet, arbeitslos zu werden. Sie müssen immer etwas zu arbeiten haben. Das liegt in ihrer Familie. Wenn sie denken, niemand nimmt ihre Dienste als Hütehund in Anspruch, werden sie fuchsteufelswild und kurz bevor sie in der Hundeschule angemeldet wurden, haben sie aus lauter Langeweile alle Ersatzpelze aus dem Schrank ihrer Leute gezogen und zerbissen.
In der Gruppe, die nach uns an der Reihe war, habe ich einen alten Kollegen aus dem Tierheim wiedergesehen. Der war damals schon ganz schön verbittert, weil ihn niemand haben wollte. Alle sagten immer, er sei SCHWIERIG. Ich habe ihn jedenfalls kaum wiedererkannt. Er war ganz fröhlich und meinte, die Hundeschule hätte seinen neuen Leuten garantiert unheimlich gut getan.
Das war's für heute.
Es zieht herzhaft an deinen Ohren
Dein Grobi

Mensch... äh, ich meine: Hund, Grobi!
Das ist ja eine dolle Nummer, von der du da erzählst. Eine Schule für UNS? Ob Simone weiß, dass es auch eine SCHULE für Hunde gibt? Wo sie doch so gern zur Schule geht. Dass du mal wieder nur deine Naschereien im Kopf hast, war mir ja klar. Aber ich bin ja an ganz anderem interessiert: wenn in deiner Klasse Border Collies sind, dann müsst ihr ja ordentlich was lernen – und du kennst mich: wenn´s ums Lernen geht, da bin ich ganz vorne dabei. Ich werde also

Die Erziehung!

mal mit Simone sprechen. Wir sehen uns in der Schule! Jippy!
Viele kleine Sabberküsse
Deine Jule

Erinnerst du dich an das Kapitel „Die beste Züchterin der Welt“? Nun, dann weißt du ja, dass es in der Hundewelt nicht nur Menschen gibt, die Freude an ihren Tieren haben wollen. Es gibt auch eine Menge „schwarze Schafe im Wolfspelz“ (hier gilt das alte Sprichwort mal umgekehrt). Bei den Hundeschulen ist es auch so.
Leider kann sich nämlich jeder x-beliebige „Hundekenner“ ***Trainer*** nennen. Jeder darf ganz legal eine Hundeschule aufmachen. Ohne Prüfungen, ohne irgendwelche Kontrollen. In diesen Hundeschulen muss nicht unbedingt der blanke Horror auf dich und deinen Hund warten! Es muss ja nicht sein, dass dort ständig mit Starkzwangmitteln gearbeitet wird oder herumgebrüllt wird wie auf dem Kasernenhof. Nein. Aber es reicht ja auch schon, wenn du und deine Eltern eine Menge Geld ausgeben und dafür im Grunde nichts zurückkommt - oder das Falsche.
Achte daher bei der Suche nach einer guten Hundeschule auf folgende Punkte:
* In der Welpenspielgruppe befinden sich keine rüpeligen Junghunde, die älter als sechs Monate sind.
* Für alle Hunde sind die üblichen Schutzimpfungen und der Nachweis einer Hunde-Haftpflicht zwingend vorgeschrieben.
* Komplizierte Hunde werden zunächst im Einzelunterricht trainiert.
* Die Gruppen sind relativ konstant und es kommen nicht ständig neue Hunde dazu.
* Neben den praktischen Stunden wird auch Theorie vermittelt. Entweder vor oder nach der Übungsstunde oder aber in getrennt stattfindenden Theoriestunden. Ideal ist es, wenn auch schriftliches Unterrichtsmaterial mitgegeben wird.

* Die Gruppen für ältere Hunde werden nicht nach Alter, sondern nach Können zusammengestellt. Nur so können alle was lernen. Keiner langweilt sich, keiner fühlt sich überfordert.
* Die TrainerInnen zeigen ihre eigenen Hunde vor. (Und hierbei interessiert dich nicht die perfekte Präsentation auf dem Platz, sondern wie Hund und TrainerIn sonst so miteinander umgehen.)

Sehr wichtig sind Hundeschulen für Leute, die Probleme mit ihrem Hund haben: wenn der Hund nicht zurückkommt oder Ähnliches. Hier können sie sich Rat und praktische Hilfe holen. Aber wir wollen mal hoffen, dass du nie aus ***diesem*** Grund in eine Hundeschule gehen musst.

Irgendwelche Probleme?

Solltest du Probleme mit deinem Hund haben, findest du vielleicht schon ein paar Lösungsvorschläge hier im Buch. Indem du dich mit der richtigen Ausführung einer Übung befasst, entdeckst du leicht deinen bisherigen Fehler und kannst ihn korrigieren. Handelt es sich aber um schwerwiegende Probleme (der Hund kommt trotz aller Vorsichtsmaßnahmen und richtig ausgeführter Übungen nicht zurück, der Hund wird aggressiv gegen ein Familienmitglied oder reagiert sonstwie gefährlich), dann wende dich auf jeden Fall an eine gute Hundeschule (siehe „Hundeschulen machen Spaß!"). Jedes noch so schlaue Buch kann dir dabei keinen Tipp geben. Ein Hundetrainer wird entsprechende Fragen stellen, herausfinden, ***wieso*** sich der Hund so unerwünscht verhält. Erst dann kann eine Lösung gefunden werden. Denn Hunde sind keine Maschinen, die alle gleich „funktionieren".
Vertraue niemals den guten Ratschlägen von Möchte-Gern-Hundekennern! Auch wenn Onkel Werner früher eine Dogge hatte und selbst wenn Tante Klärchen den Dackel der Nachbarin spazieren führt: leider wissen sehr viele Hundebesitzer erschreckend wenig über ihre vierbeinigen Hausgenossen. Viele Leute hängen veralteten Ansichten nach. Vielleicht solltest du die darauf hinweisen, dass es früher für Lehrer auch üblich war, die SchülerInnen in der Schule zu verhauen und anzuschreien. Das gibt es heute nicht mehr, weil wir alle wissen: Wenn man Angst hat, lernt man nur sehr schlecht. Und das geht unseren Hunden ebenso. Überlege also immer gut, bevor du einen Tipp in die Tat umsetzt. Folgst du nämlich einem gut gemeinten, aber leider falschen Rat, wird das Problem meist noch größer.

Sportlich, sportlich!

Lieber Sportsfreund Grobi,
als Simone und ich heute vom Üben nach Hause kamen, sah sie mich plötzlich forschend an und sagte: „Sag mal, Jule, was willst du eigentlich mal werden?"
Ich war ganz schön platt! Darüber habe ich mir noch gar keine Gedanken gemacht. Sofort sind wir zum Regal gestürzt und haben nach Büchern über „weiterführende Ausbildung" gesucht. Und rate mal, was ich da gefunden habe! AGILITY! Das ist ein englisches Wort und heißt „beweglich" - und das bin ich ja wohl!
Agility ist ein Hundesport, den es noch nicht so wahnsinnig lange gibt, der aber immer beliebter wird. Die Voraussetzung dafür ist, dass ich wunderbar gehorche und alle wichtigen Grundbegriffe kenne. Beim Agility gibt es einen Parcours wie beim Springturnier für Pferde. Wir springen wie die Wirbelwinde über eine Menge Hindernisse,

krabbeln fix durch einen Stofftunnel, machen ganz kurz Platz auf einem niedrigen Tischchen, balancieren über einen Steg, laufen geschickt über eine Wippe und preschen durch zwölf Slalom-Stangen - alles rasend schnell, denn es gewinnt derjenige, der am schnellsten und ohne Fehler im Ziel ist. Simone muss dabei mit mir rennen und mir immer zeigen, welches Hindernis als Nächstes dran ist.
Hast du nicht auch Lust, Agility zu machen? Wir könnten allerdings nicht in der gleichen Gruppe trainieren. Es gibt nämlich eine Unterteilung: Hund unter 40 Zentimeter Schulterhöhe - so wie ich - machen „Agility Mini" mit niedrigeren Hindernissen. Aber auch wir Kleinen bringen volle Leistung und nehmen an der Weltmeisterschaft teil.
Und genau das will ich werden: Agility-Weltmeisterin! - Und du?
Sportliche Grüße
Deine Jule

Liebe Jule,
wie kann ein Hund nur so entsetzlich scharf darauf sein, in rasender Eile solche anstrengenden Übungen zu bewältigen. Klar, ich bewege mich auch gerne, ich renne und spiele gerne, aber dieser Leistungsdruck! Also, für mich wäre es toll, ein richtiger Fährtenhund zu sein. Am Anfang üben sie da nämlich mit echtem Essen und ich lerne, alles zu suchen, was du dir nur vorstellen kannst. Gegen Bezahlung, versteht sich. Und wenn die Menschen dann etwas verloren haben, kann ich es in Ruhe wiederfinden. Sie haben so schrecklich schlechte Nasen und eignen sich auf Grund ihrer mangelnden körperlichen Voraussetzungen überhaupt nicht dazu, eine Spur zu verfolgen. Zumindest habe ich im Wald noch nie einen Menschen gesehen, der mit der Nase dicht am Boden einer Fährte folgt! Das Fährtensuchen ist ganz schön schwierig, weil die Spuren manchmal verwirrend sind. Dafür werden Hunde eingesetzt, die nicht hibbelig sind. Hört sich doch gut an, oder? Ich könnte mir auch gut vorstellen, ein Therapiehund zu werden. Da lässt du dich streicheln und mit Leckerchen belohnen, du kannst neue Menschen kennen lernen, die sich vielleicht nicht so gut bewegen können oder die andere Probleme haben. Auf jeden Fall möchte ich irgendetwas machen, das gemütlicher ist, als in Hochgeschwindigkeit über Hürden zu springen. Ich glaube, dafür bin ich nicht geschaffen.
Gut doch eigentlich, dass Hunde so unterschiedlich sind, oder? Übrigens, ich muss jetzt aufhören. Essenszeit!
Es zwickt dich freundlich in den Schwanz
Dein Grobi

Die Hörzeichen, die dein Hund nun kann, reichen aus, um einen braven gut erzogenen Begleithund abzugeben. Du kannst ihn mit in die Eisdiele und in die Pizzeria nehmen, ihn mit anderen Hunden gefahrlos toben lassen oder auch mit ihm Sport treiben... Moment mal! Sport? Ja! Und zwar nicht nur gemeinsames Joggen, Radfahren oder Inline-Skaten (Natürlich ***läuft*** dein Hund mit! Schon mal einen Hund auf Rollschuhen gesehen?!). Es gibt auch Sportarten, die speziell für das Team Hund-Mensch entwickelt worden sind. Und sie machen irre Spaß!

Agility
lässt sich kurz umschreiben mit: Hindernisrennen auf Zeit. Natürlich darf - wie beim Pferdespringturnier - kein Hindernis umgestürzt oder verweigert werden. Außerdem besitzen viele Hindernisse so genannte „Kontaktzonen", die der Hund unbedingt berühren muss. Frauchen oder Herrchen ist natürlich mit auf dem Platz und zeigt durch Handbewegungen und Zurufe an, welches Hindernis als Nächstes dran ist. Nimmt der Hund ein falsches, ist das Team disqualifiziert. Es bedarf hoher Geschicklichkeit und eines famosen Zusammenspiels zwischen Mensch und Hund bis der Parcours fehlerlos gemeistert wird. Agility erfreut sich seit einigen Jahren wachsender Beliebtheit und ist für junge Menschen sehr gut geeignet. In vielen Ortsgruppen des Deutschen Hundesportverbandes werden Trainingsstunden angeboten.

Turnierhundsport
Wenn du und dein Hund die hier im Buch aufgeführten Hörzeichen beherrscht, ist das eine gute Voraussetzung für den Turnierhundsport. Denn hier gilt es Gehorsamsübungen zu präsentieren, Leinenführigkeit, Freifolge im „Fuß", sowie „Sitz" und „Platz". Genauso wichtig ist der gemeinsame Hindernislauf und der Geländelauf mit dem Hund. Der Hindernisparcours ähnelt dem beim Agility. Jedoch wird der Hund nicht vorausgeschickt oder arbeitet gar frei auf Zuruf im Parcours, sondern er läuft immer links neben dem Hundeführer. Deshalb und weil zum Turnierhundsport auch ein gemeinsamer Geländelauf von 2 oder gar 5 Kilometern gehört, ist dieser Sport besonders für schnelle Läufer oder Menschen, die gerne joggen, geeignet.
So gut wie alle Hundesportvereine bieten Kurse an. Viele legen Wert auf spezielle „Jugendarbeit", bei der Menschen unter 20 Jahren mit ihren Vierbeinern auf Gleichgesinnte treffen.

Wagenrennen
meint natürlich etwas anderes als die Bilder, die du vielleicht aus alten Römer-Filmen kennst. Das Prinzip ist allerdings das Gleiche: Vor einen leichten Aluminium-Wagen, in dem du sitzen kannst, wird der Hund (oder auch zwei) gespannt. Die Hunde werden allerdings nicht durch Zügel gelenkt, sondern durch Zuruf - ganz ähnlich wie Schlittenhunde im hohen Norden.
Leider ist dieser Spaß bringende Sport nicht sehr verbreitet. Es ist nicht einfach, einen Verein zu finden, der fachgerechtes Training für das Wagenrennen anbietet. Außerdem ist so ein Aluminiumgefährt nicht gerade billig.

Obedience
ist englisch und heißt zu deutsch: Gehorsam. Obedience ist also kein Hundesport bei dem es mächtig schnell und kraftvoll zur Sache geht. Wenn du zum Beispiel Agility mit unserem Hürdenlauf für Menschen vergleichen kannst, dann kommt Obedience unserer Sportart Schach sehr nahe: Köpfchen ist gefragt! Bei Obedience ist eine sehr hohe Konzentration gefordert. Der Hundeführer kommuniziert mit seinem Hund nur über Sichtzeichen. Eindeutig etwas für Fortgeschrittene.

Fährtensuche
ist nicht nur etwas für Jagdhunde. Es geht beim Fährtensuchen auch nicht unbedingt um das Auffinden von angeschossenem Wild - denn das überlassen wir mal getrost den Jägern mit ihren Hunden. Vielmehr handelt es sich oft um deine eigene Fährte, die der Hund verfolgen muss. Entweder bis er dich in einem Versteck gefunden hat oder aber bis er einen „verlorenen" Gegenstand auf eurer beider Spur wiederfindet. Die Fährtensuche kannst du auch ohne Verein trainieren. Anleitungen zu Fährtensuchspielen findest du in Hundebüchern zum Thema „Spielen" oder in abgewandelter Form in den Büchern zur Jagdhundausbildung.

Für welche Sportart du dich entscheidest ist nicht nur von deinen Vorlieben abhängig, sondern auch von der Persönlichkeit deines Hundes. Ein Berner Sennenhund ist viel zu schwer, um in rasender Geschwindigkeit über Hindernisse zu fliegen. Ein Jack Russell wird in seiner Terrier-Manier wohl keinen idealen Obedience-Hund abgeben. Und ein Dackel kann nun einmal keinen Wagen ziehen. Sprich mit den zuständigen TrainerInnen über deinen Hund und seine Anlagen. Bestimmt findest du einen Sport, der euch beide begeistert!

Das Hundelern-Quiz - Zweiter Teil

1.) Welche Möglichkeiten hast du, deinen Hund zu loben?
2.) Was bedeutet der „Schnauzengriff"?
3.) Wie viel Zeit darf zwischen der Tat deines Hundes und deinem Lob (oder Tadel) vergehen, damit er die beiden Dinge verbinden kann?
4.) 5 Situationen, in denen du mit deinem Welpen unbedingt zum Geschäftchen raus solltest!
5.) Wie lange darf ein Hund maximal allein bleiben?
6.) Was ist beim Hörzeichen „Hier" zu Anfang besonders wichtig?
7.) Was gehört zu jedem Hörzeichen, das das Verharren deines Hundes in einer Position (zum Beispiel „Sitz", „Platz") verlangt?
8.) Wie oft wird ein Hörzeichen gegeben, wenn der Hund die Übung beherrscht?
9.) Aus welchen Gründen sind Hunde so unterschiedlich?
10.) Drei Punkte, an denen du eine gute Hundeschule erkennst!

Herzlichst, deine...

Liebe Leserin und lieber Leser,
es hat uns viel Freude bereitet, dieses Buch zu schreiben und zu gestalten.
Wenn wir dir damit helfen, dich auf deinen Hund gut vorzubereiten und ihm dann einige wichtige Dinge beibringen zu können, haben wir unser Ziel erreicht.
Das Wichtigste soll immer sein, das Tier Hund nicht zu vermenschlichen, sondern ihn ganz Hund sein zu lassen. Denn dafür, dass er das ist, dafür lieben wir ihn ja!

Quizauflösung

Teil Eins

1.) Zu diesen Dingen gehören: Körbchen, Futterschüsseln, gutes Futter, Bürste, Kauknochen, Shampoo, Leine und Halsband
2.) Die „Sozialisation“ erfolgt in der empfindlichen Prägephase des Welpen, und zwar sowohl auf Artgenossen als auch auf den Menschen. Sie ist absolut notwendig für jeden Begleit- und Familienhund.
3.) Irish Wolfhound
4.) Zum Beispiel Tollwut oder Staupe. Weitere findest du im Kapitel „Tierarzt“ auf Seite 40.
5.) Wichtig sind:
   a. Information
   b. Beratung vor dem Kauf
   c. Begleitung nach dem Kauf
6.) Ein Hund sollte immer am UNTEREN Ende der Rangordnung stehen.
7.) Was uns wie ein „schlechtes Gewissen“ erscheint ist der Versuch zur Beschwichtigung des menschlichen Ärgers durch Demutshaltung (hängende Ohren, ausweichender Blick, geduckter Körper).
8.) Dein Hund kann sich verständigen durch:
   a. Mimik
   b. Körpersprache
   c. Lautäußerung
   d. Fell
9.) Ein Hund sollte bis zum 6. Monat die Treppen zur Wohnung hinauf und hinunter getragen werden.
10.) Dieser Instinkt heißt „Folgetrieb“.

Teil Zwei

1.) Gelobt werden kann durch die Stimme, durch Leckerchen und durch Spielen.
2.) Der Schnauzengriff wird mit der Hand über den Nasenrücken des Hundes ausgeübt und ist ein Tadel. Er ahmt den Schnauzenübergriff eines ranghohen Hundes nach.
3.) Ein Hund kann Lob/Tadel nur mit seiner Tat verbinden, wenn diese Aktionen nicht länger als ZWEI Sekunden auseinander liegen.
4.) zum Beispiel:
   a. er hat geschlafen
   b. er hat gespielt
   c. er schnüffelt am Boden
   d. er dreht sich im Kreis
   e. er hat gefressen
5.) Ein Hund sollte nicht regelmäßig allein gelassen werden. Möglichst nie länger als etwa vier Stunden.
6.) Beim Hörzeichen „Hier“ ist anfangs wichtig, den Hund
   a. nie zu rufen, wenn er abgelenkt ist,
   b. immer zu rufen, wenn er sowieso gerade zu uns will.
7.) Zu jedem Hörzeichen gehört auch die Auflösung mit einem Wort wie „O.k.“
8.) Beherrscht der Hund ein Hörzeichen, sollte es sofort nach einmaligen Geben befolgt werden.
9.) Hunde können aus Gründen ihrer Erbanlagen und auf Grund von Erlebnissen oder Erziehung sehr unterschiedlich sein.
10.) Ob du drei richtige Gründe genannt hast, kannst du im Kapitel „Hundeschulen machen Spaß!“ nachlesen.

Nützliche Adressen:
Verband für das Deutsche Hundewesen e.V. (VDH)
Westfalendamm 174
44141 Dortmund
0231 / 56 50 00

Deutscher Hundesportverband e.V. (dhv)
Postfach 6006
44517 Lünen
0231 / 8 79 49
(zuständig für alle Sportarten)

als Beispiel für viele gute VDH-unabhängige Rassevereine:
Verein der Setterfreunde e.V.
Stromer Landstraße 15a
28197 Bremen

TASSO
Haustierzentralregister für die BRD e.V.
Frankfurter Str. 20
65795 Hattersheim

Österreichischer Kynologenverband (ÖKV)
Johann-Teufel-Gasse 8
A-1238 Wien
0222 / 8 88 70 92

Schweizerische Kynologische Gesellschaft (SKG)
Postfach 8217
CH-3001 Bern
031 / 3 01 58 19

Zum Weiterlesen:
„Kynos Hundeführer“, Kynos-Verlag - ein umfassender Wälzer, in dem alle Hunderassen kurz vorgestellt werden.

„Der Wolf im Hundepelz“, Günther Bloch, Westkreuz-Verlag - interessanter Vergleich zwischen unseren Hunden und dem Verhalten ihrer Vorfahren, der Wölfe.

„Die zweite Chance, Dein Hund aus dem Tierheim“, Judy & Larry Elsden, Kynos-Verlag - Ratschläge für alle zukünftigen Besitzer von Tierheimhunden.

„Erste Hilfe für Hunde“, Tim Hawcroft, Kynos-Verlag - Ratschläge für Unfälle oder Krankheiten.

„Hunde im Paragraphendschungel”, F. & J. Wienzeck, Kynos-Verlag - rund um den Hund im Paragraphen-Dschungel

„Spiel und Spaß mit meinem Hund“, Doris Baumann, Ulmer - Tipps für spaßbringende Spiele mit deinem Hund.

„Dogwatching“, Desmond Morris, Heyne - Wissenswertes und Erstaunliches über unsere vierbeinigen Freunde.

„Agility macht Spaß!“, Ruth Hobday, Kynos-Verlag - Anleitung zum Agility-Sport

„Turnierhund Sport“, Adolf Kraßnigg, Kynos-Verlag - Wissenswertes zum Turnierhund Sport

„Clicker-Training für Hunde“, Martin Pietralla, Kosmos Verlag

„Positiv bestärken - sanft erziehen“, Karen Pryor, Kosmos Verlag

sowie viele Rasseratgeber aus dem Kynos-Verlag

Anne Rogers Clark
Andrew H. Brace
KYNOS GROSSER HUNDEFÜHRER
The international Encyclopaedia of Dogs

Dieses Buch können wir gar nicht nachhaltig genug empfehlen. Ein Traumteam hat dieses Buch geschrieben, die besten Hundefotografen der Welt steuerten die Fotos bei. Das Buch gilt als aktuellster, internationaler Hundeführer, umfaßt alle heute weltweit von der FCI, vom englischen, amerikanischen und kanadischen Kennel Club anerkannten Rassehunde.

Keinesfalls nur ein Bilderbuch! Fachlich kompetent werden bei den populäreren Hunderassen einzeln *Herkunft und Rassegeschichte, Wesen, Pflege und Erziehung, Anpassungsfähigkeit und Rassemerkmale* dargestellt. Wir kennen kein Buch mit aktuelleren und besseren Fotos. Gerade durch die Zusammenarbeit England/USA/Deutschland sind die einzelnen Rassebeschreibungen exakt überprüft, geben ein vorzügliches Bild über den Reichtum der Hunderassen. Sehr wichtig - das Buch enthält auch bei wichtigeren Hunderassen aktuelle Zuchtzahlen, so daß der Leser weiß, wie populär die Hunde in den einzelnen Ländern sind.

KYNOS GROSSER HUNDEFÜHRER präsentiert **339 verschiedene Hunderassen.** Jahr um Jahr werden zumindest 20 Prozent aller Hunde von Hundefreunden gekauft, die sich über ihr neues Familienmitglied völlig falsche Vorstellungen machen, deren Erwartungshaltung der Hund nie gerecht werden kann. Gerade die detaillierte Vorstellung der Einzelrassen bietet dem Hundefreund wertvolle Hilfen! Dieses Buch gehört in das Archiv jedes Hundeliebhabers - ein Buch für das ganze Leben!

496 Seiten Großformat (28,5 x 22 cm), über 450 Farbfotos.
ISBN 3-929545-29-2 **NUR DM 99,80 / SFr 91,-- / ÖS 729,--**

J. M. Evans & K. White

DOGLOPAEDIA

Das große 1 x 1 der Hundehaltung

Die Doglopaedia übermittelt übersichtlich und umfassend das Wissen, das jeder Hundefreund im täglichen Umgang mit seinem Hund wirklich braucht. Sie ist nicht nur ein *Einsteigerbuch für den Anfänger,* sondern in erster Linie *ein Nachschlagewerk,* das zu fast jeder Frage kompetente Antworten anbietet.

Für den Laien klar verständliches Tabellenmaterial, Falllösungen ***Was tun, wenn...,*** über 43 Einzelprobleme, Darstellung des Hundes in gesunden und kranken Tagen mit Körperfunktionen und Infektionskrankheiten, alles findet der Leser übersichtlich zusammengestellt.

Dieses Buch empfiehlt der Verlag als eines seiner wichtigsten, es bietet ein optimales Preisleistungs*verhältnis!*

Dieses Nachschlagewerk gehört in den Bücherschrank jedes Hundebesitzers.

258 Seiten, 41 tabellarische Zusammenstellungen, reiche Illustrationen.

ISBN 3-929545-61-6 **DM 42,-- / SFr 39,80 / ÖS 307,--**

Dick Lane & N. Ewart

A - Z DER HUNDEKRANKHEITEN

Anzeichen, Diagnose, Ursachen, Behandlung

Dieses Buch gehört in die Hand jedes verantwortungsbewußten Hundehalters. Eine detaillierte Auflistung der einzelnen Krankheiten und Gesundheitsprobleme mit Herausarbeitung der Anzeichen, Ursachen und Behandlung für jede dieser Krankheiten. Illustriert mit aussagekräftigen Spitzenfotos, ein tierärztliches Buch für den Hundebesitzer, das ihm optimale Betreuung seines Hundes erlaubt. Sehr empfehlenswert.

286 Seiten, 150 Farbfotos.

ISBN 3-929545-73-X **DM 42,-- / SFr 39,80 / ÖS 307,--**